Annick DUFLOS

Les critères d'évaluation des banques de données

La démarche qualité chez les professionnels de l'information électronique

ADBS EDITIONS 1995

Le texte publié ici est issu d'un mémoire présenté en vue d'obtenir le Diplôme supérieur des sciences et techniques de l'information et de la documentation, à l'Institut National des Techniques de la Documentation (CNAM). Ce mémoire a été soutenu en octobre 1994 devant un jury composé de M. Eric Sutter et de M. Abel Guggenheim.

PREFACE

Dans le domaine de l'information et de la documentation, plusieurs tendances fortes peuvent être observées ces dernières années : une électronisation croissante de la production et de la diffusion, un développement du secteur privé et des structures à dimension industrielle, l'apparition d'une concurrence directe entre les opérateurs tant au niveau national qu'au niveau mondial. Qu'il s'agisse de structures artisanales ou d'entreprises industrielles d'information, l'usage de méthodes modernes de management devient indispensable dans ce domaine comme dans les autres. En milieu concurrentiel (que cette concurrence soit directe ou indirecte), la réflexion marketing, quand elle est menée correctement, induit normalement une démarche de gestion de la qualité, voire de labellisation, et ce, tant pour donner confiance aux prospects que pour fidéliser les clients utilisateurs.

On sait, par ailleurs, que les utilisateurs ne sont pas toujours satisfaits des produits ou services d'information qui leur sont proposés sur le marché et qu'il y a encore une sous-utilisation de l'offre dans certains secteurs. L'objectif de la qualité n'est-il pas de contribuer à satisfaire les attentes de la «demande» ?

Depuis quelques années maintenant, un certain nombre d'experts et d'organismes professionnels contribuent en France à promouvoir la démarche et ses outils ; il a semblé intéressant d'étudier l'impact de ces actions et le niveau de prise de conscience de l'importance de la qualité chez une catégorie d'acteurs : les producteurs de banques de données.

L'étude qu'a menée Annick Duflos à l'occasion de son mémoire de fin d'études ne prétend pas à l'exhaustivité du sujet mais elle a le mérite d'aborder le sujet de front, d'être relativement révélatrice de la situation et d'alimenter la réflexion. En effet, cette enquête

va au-delà d'un simple exercice d'étudiant. C'est pourquoi il a paru souhaitable d'en publier les résultats.

Même si certains acteurs ne souhaitaient pas dévoiler leur stratégie réelle ou si certains propos pouvaient donner lieu à interprétation, le recueil d'information - qui s'apparente à un état des lieux - est intéressant. Il semble, en effet, qu'il reste encore du chemin à parcourir chez certains producteurs de banques de données pour gérer la qualité au quotidien. L'enquête révèle cependant une prise de conscience chez plusieurs d'entre eux. Quelques producteurs mettent en place de véritables plans qualité. Est-ce une simple coïncidence ? Le Groupement français de l'industrie de l'information (GFII) vient de créer un groupe de travail «Qualité des services d'information» où la labellisation n'est pas exclue des réflexions.

Au-delà du profit que pourront en retirer les producteurs de banques de données, souhaitons que le travail d'Annick Duflos alimente la réflexion de l'ensemble des professionnels de l'information-documentation et de leurs organisations.

Eric Sutter

TABLE DES MATIERES

ANNEXES

Annexe A : Bibliographie analytique

Annexe B : Grille d'entretiens

Table des illustrations

Introduction

Les balbutiements et les hésitations furents très nombreux lors de la période de prise de connaissance du sujet de mémoire ; en effet, «Les critères d'évaluation des banques de données» est un sujet qui peut laisser perplexe quant à sa définition : aucun doute pour les banques de données après quelques mois passés sur les bancs de l'INTD, par contre les critères d'évaluation laissent entrevoir un gouffre empli de points d'interrogation : quels critères ? Etablis par qui ? Et pourquoi ? Une première recherche booléenne sur la banque de données de l'INTD à l'aide des mots-clés «évaluation» ET «banque de données» permet alors d'orienter les recherches et nos lectures vers les nombreuses enquêtes effectuées auprès des utilisateurs de banques de données dans le monde entier. Le congrès IDT est proche et il serait peut-être bienvenu d'effectuer notre propre enquête auprès d'environ 400 utilisateurs de banques de données dont le salon IDT ne va pas manquer. Mais deux obstacles majeurs viennent se dresser à notre projet : d'une part la difficulté de rencontrer un échantillon représentatif d'utilisateurs en un temps minimum, d'autre part un risque important de redondance par rapport aux résultats obtenus antérieurement par d'autres. L'intérêt d'un tel travail s'avère donc quasiment nul et il semble nécessaire et urgent de s'orienter vers une autre piste.

Le premier entretien sur le sujet avec notre directeur de mémoire, Monsieur Eric Sutter, marque un cap décisif dans les orientations prises par la suite : cette première conversation représente une véritable remise sur les rails : après lui avoir exposé nos problèmes dans la délimitation du sujet initial, celui-ci nous propose de diriger notre étude vers les orientations des producteurs de banques de données en matière de politique qualité. Le sujet définitif devient donc à ce jour : «les critères d'évaluation des banques de données : la démarche et la politique qualité chez les professionnels de l'information électronique», car la démarche qualité dans la mise en place de ses processus intègre et formalise de nombreuses évaluations des produits et/ou des services : évaluations des utilisateurs-

clients, des actionnaires, des employés à tous les niveaux hiérarchiques de l'entreprise, audits, certifications diverses...

Commence alors une recherche bibliographique approfondie sur le sujet : le nombre de références représente une somme monstrueuse de littérature impossible à lire en quelques mois finalement très courts : les lectures sont donc limitées aux seuls écrits sur la qualité dans les services d'information, et plus particulièrement les banques de données. De plus nous restreignons également le sujet dans le temps dans le désir d'effectuer un travail sur un sujet d'actualité. Cette recherche bibliographique nous permet d'établir des orientations personnelles caractérisées par des enquêtes effectuées sur le terrain, auprès de professionnels de l'information :

- définition du concept de qualité, état de l'art sur la question ;
- une fois le concept défini, établissement d'une grille d'entretien dans le but de rencontrer les professionnels ;
- rencontres avec un échantillon représentatif de producteurs et serveurs de banques de données dans le but d'analyser leur démarche qualité.

Les buts de l'étude engagée sont les suivants : d'une part répondre à deux questions : les producteurs français ont-ils une démarche qualité ? Comment vivent-ils cette démarche dans leur environnement quotidien ? D'autre part, ces mêmes producteurs sont-ils prêts à s'engager dans un processus de labellisation et de formalisation des critères d'évaluation de leurs produits et/ou services ?

Les orientations définitives apportées au sujet initial devraient pouvoir satisfaire les trois partenaires, utilisateurs potentiels de ce mémoire :

- pour l'INTD et les promotions futures, ce travail est une application pratique des différents aspects des enseignements dispensés, à la fois techniques (catalogage et description bibliographique, résumé, synthèse documentaire, interrogation de banques de données, utilisation de logiciels, etc.) et théoriques (gestion, communication...) ;

- pour le monde professionnel, même si des solutions pratiques satisfaisantes ne sont qu'esquissées, faute de temps et/ou de compétences, les enquêtes menées permettront au moins d'établir un constat qui n'avait jamais été effectué à ce jour ;

- enfin, les satisfactions personnelles sont nombreuses : tout d'abord intellectuellement, des portes se sont ouvertes durant la rédaction de ce mémoire : le sujet est vaste et passionnant et les problématiques qui s'en dégagent pourraient aboutir à une étude approfondie plus poussée et plus longue (DEA - thèse de troisième cycle), concernant la mise en place de solutions concrètes notamment en matière de certification. De plus, ce travail peut représenter un faire-valoir professionnel s'il est exploité dans le cadre d'une orientation de carrière.

Première partie

La qualité, du concept aux travaux dans le secteur de l'information

La qualité : évolution du concept et spécificités des services d'information

En interrogeant les banques de données ABI/INFORM, LISA et Scientific abstract database en 1992, Marydee Ojala[1] et John R. Brockman[2] (figures 1, 2 et 3 ci-après) se sont demandé si la qualité était un phénomène de mode avec ses gourous et sa kyrielle de slogans et de formules secrètes qui font parfois figure de *gadgets (Total Quality Management, benchmarking*, zéro défaut, etc.), ou si ce concept correspondait à une réelle nécessité de produire des services de qualité.

A la lecture de ces différents tableaux, on visualise très nettement l'augmentation croissante de la littérature sur le sujet. Il est vrai que cette dernière, et particulièrement la littérature de langue anglaise (voir bibliographie) est pléthorique. Une sorte d'état de l'art s'est donc imposée dans le cadre de cette étude comme une synthèse préliminaire aux entretiens menés chez les producteurs de banques de données de juin à septembre 1994 ; il fallait en effet pour mener à bien ces entretiens connaître les tenants et les aboutissants de la démarche qualité appliquée aux services d'information électronique. La synthèse qui suit ne relève bien sûr d'aucun caractère d'exhaustivité : tel n'est en effet pas le but de cette étude. Elle est un éclairage sur la question de la qualité, et n'a d'autre ambition que d'ouvrir les portes, de poser des questions et de replacer la position des producteurs de banques de données françaises dans un contexte historique et culturel général.

Remarque importante : les notes de bas de page renvoient aux numéros des notices bibliographiques (Nn) se trouvant en annexe a : bibliographie analytique.

---

[1] Notice N11 : M. Ojala.- The dollar sign : quality online and online quality...

[2] Notice N7 : John R. Brockman.- Just another management fad ?

Figure 1 : Occurrence du descripteur «Qualité» de 1975 à 1993
(la même opération a été effectuée par nos soins pour les années 1992 et 1993, complétant ainsi le tableau de M. Ojala)

	Qualité en tant que descripteur (DE)		Qualité en texte libre	
Année	Nombre	Pourcentage	Nombre	Pourcentage
1993	3357	3,9		
1992	2266	3,1		
1991	950	2,8	2037	9,5
1990	1319	2,7	4535	9,0
1989	1229	2,6	4090	9,0
1988	1090	2,3	4195	8,8
1987	756	1,8	3411	8,2
1986	682	1,6	3314	7,7
1985	565	1,5	2802	7,2
1984	500	1,3	2719	6,9
1983	420	1,2	2289	6,7
1982	390	1,3	2089	6,7
1981	286	0,9	1774	6,1
1980	180	0,7	1399	5,8
1979	177	0,8	1247	5,6
1978	146	0,8	974	5,0
1977	84	0,5	868	4,7
1976	42	0,3	705	4,9
1975	38	0,3	620	4,8

Source : N14 : M. Ojala. - The $ sign : quality online and online quality

Figure 2 : nombre de publications sur la qualité par an

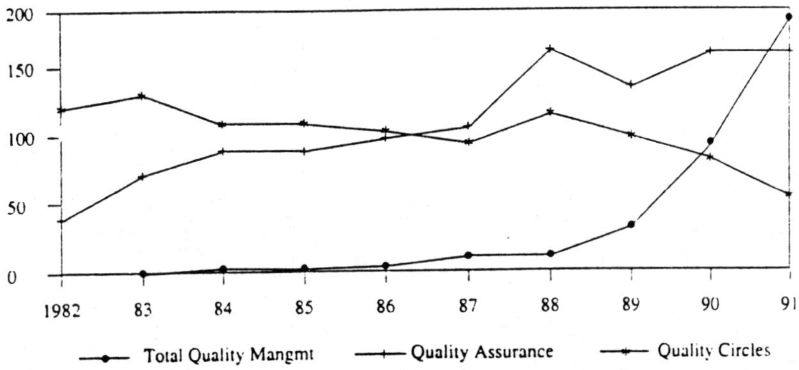

Source : N7 : John R. Brockman.- Just another management fad ?

Figure 3 : La littérature sur le management

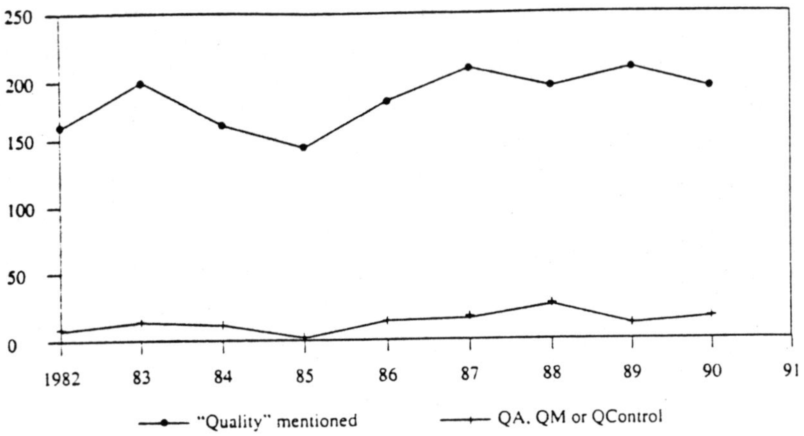

Source : N7 : John R. Brockman.- Just another management fad ?

Historique

– C'est en 1924 que la direction des Bell Telephone Laboratories décida de créer un département d'assurance qualité dans le but d'optimiser la production des usines en veillant à satisfaire les besoins de ses clients. Depuis, le concept de qualité a évolué dans le temps. Jusqu'aux années 1950, on parle de «Contrôle qualité». Cette notion, issue du taylorisme, est un contrôle final exogène situé en fin de la chaîne de fabrication : on contrôle les produits terminés, acceptant les bons et rejetant les mauvais. C'est l'«âge du tri»[3]. D'autre part des contrôles permettent de prendre des mesures correctives et de rectifier les écarts par rapport aux objectifs fixés avec l'apparition d'une approche statistique de la qualité.

– De 1950 à 1980, apparaît la notion d'«Assurance qualité» : la qualité du procédé et celle du produit sont intégrées en vue d'obtenir systématiquement et régulièrement la qualité requise. Deux méthodes cohabitent : contrôle au niveau de la production,

[3] Notice N2 : Lucien Cruchant.- La qualité... p. 29 et sq.

certification des moyens et audits d'une part, traitement des réclamations d'autre part. La qualité est alors l'affaire des qualiticiens et des organisateurs.

– Dans les années 1980 surviennent les notions de «Qualité totale» et de «management de la qualité totale» (*Total Quality Management* - TQM). La maîtrise de la qualité à la japonaise fait irruption dans le monde occidental. Cette application généralisée a été approfondie par Feigenbaum dès 1951, sous l'appellation de *Total Quality Control* (TQC). Dans le cadre d'un processus endogène, toutes les fonctions de l'entreprise sont impliquées car l'entreprise est considérée comme un système. La qualité est plus une culture et une philosophie basées sur une volonté d'amélioration constante qu'une méthode. Cet aspect culturel et philosophique amène certains à se demander s'il ne s'agit pas là d'un phénomène de mode[4]. Chaque employé est un agent de qualité, responsable de ce qu'il produit. Des actions préventives sont menées pour éviter que les défauts surviennent. Il s'agit de faire bien du premier coup. L'accent est mis sur le processus et la conformité aux besoins. Jacques Chové définit la qualité totale comme la «mise en œuvre d'une politique qui tend à la mobilisation permanente de tout son personnel pour améliorer :

- la qualité des produits et services,
- l'efficacité de son fonctionnement,
- la pertinence et la cohérence de ses objectifs,

en relation avec l'évolution de son environnement»[5].

Pour résumer, ce qui était «total» à l'origine chez les américains et les japonais, c'était la maîtrise de la qualité (*Total Quality Control* et *Company Wide Quality Control* à la japonaise). Plus récemment le qualificatif a été appliqué au management (*Total Quality Management* - TQM). Qualité totale est une expression condensée de «management total de la qualité» qui synthétise le management de la qualité et le management par la qualité.

---

[4] Notice N7 : John R. Brockman.- Just another management fad ?...

[5] Notice N53 : AFNOR.- Gérer et assurer la qualité... texte introductif

En complément de ce bref rappel historique, voici un petit abécédaire de ceux que certains n'hésitent pas à nommer les «héros de la qualité», dont les noms reviennent en permanence comme des leitmotivs dans les publications sur le sujet :

- Ph. B. Crosby (né en 1923) dans les années 1960-70 est l'apôtre du «zéro défaut» ;
- W. E. Deming (né en 1900) diffuse les méthodes de W. A. Shewhart au Japon notamment, les situant dans un contexte de management. Pour lui, la qualité est une question d'orientation, de *leadership*, de participation des employés et de formation ;
- A. V. Feigenbaum (né en 1920) publie en 1951 *Total Quality Control* ;
- M. Imai met au point la stratégie «Kaizen» qui est l'une des clés de la compétitivité japonaise. Kaizen signifie amélioration : il s'agit d'une amélioration constante, englobant l'ensemble du personnel ;
- Kaoru Ishikawa (1915-1989), le «pape» japonais de la qualité. La doctrine japonaise, c'est l'application du TQC à la culture japonaise qui fait intervenir l'ensemble du personnel de l'entreprise : c'est *le Company Wide Quality Control* (CWQC). Ishikawa met au point les cercles de qualité ;
- J. M. Juran (né en 1904) rédige en 1951 le *Quality control handbook*, qui va devenir une véritable «bible» de la qualité ;
- Pour Joseph Kelada (1992), la gestion intégrale de la qualité englobe un ensemble de principes visant à mobiliser tous les intervenants d'une entreprise, de même que ses partenaires externes. Son approche vise à satisfaire aussi bien les besoins des actionnaires et des clients que ceux des employés ;
- W. A. Shewhart (1891 - 1967) élabore la maîtrise statistique de tout processus répétitif.

Principes de base - terminologie

La qualité d'un produit ou d'un service est, selon la normalisation internationale, l'«ensemble des caractéristiques qui lui confèrent l'aptitude à satisfaire des besoins exprimés ou implicites» (ISO 8402). L'AFNOR l'a défini comme l'aptitude à satisfaire les besoins des utilisateurs (NF X50-120). La priorité absolue est la satisfaction du client : J. Horovitz en donne la définition suivante[6] : «La qualité est le niveau d'excellence que l'organisme a choisi d'atteindre pour satisfaire sa clientèle cible. C'est, en même temps, la mesure dans laquelle elle s'y conforme». C'est la clientèle cible qui dicte à l'entreprise le niveau d'excellence à atteindre. Ce niveau d'excellence doit être maintenu pour être conforme : cette conformité est l'un des aspects les plus difficiles dans la gestion du management de la qualité.

A ce stade d'étude, il semble nécessaire de réaliser une sorte de glossaire aide-mémoire minimum de la qualité, sous forme d'une liste de termes que nous retrouverons tout au long des paragraphes qui vont suivre. Cette liste peut paraître rébarbative, mais on peut s'y référer à tout moment de la lecture.

L'**assurance de la qualité**, c'est l'anticipation de la qualité. Il s'agit de mettre en œuvre les dispositions nécessaires pour assurer la qualité aux yeux de l'entreprise elle-même (assurance interne de la qualité) et aux yeux des utilisateurs et clients (assurance externe de la qualité).

Le **contrôle de la qualité** : durant de nombreuses années la traduction française de «*quality control*» en «contrôle de la qualité» a faussé la réalité de la qualité ; en effet, «*control*» signifie pilotage ou plutôt maîtrise et n'a pas le sens de vérification qu'on lui donne dans notre langue. La compréhension du sens véritable de ce concept en a donc été retardée. Il s'agit de comparer et de mesurer les caractéristiques d'un produit ou d'un service pour les «comparer aux exigences spécifiées en vue d'établir leur conformité» (NF X50-120).

Les **coûts relatifs à la qualité** englobent à la fois les dépenses pour assurer un niveau de qualité satisfaisant, et les pertes subies lorsque ce niveau de qualité n'est pas atteint.

---

6 Notice N4 : Eric Sutter.- Services d'information et qualité..., p. 20

La politique de l'**excellence** est celle d'une amélioration constante et méthodique des processus de conception et de réalisation.

La normalisation internationale (ISO/DIS 8402) définit la notion de **management de la qualité** comme suit : «l'ensemble des activités de la fonction générale de management qui déterminent la politique qualité, les objectifs et les responsabilités, et les mettent en œuvre par des moyens tels que la planification de la qualité, la maîtrise de la qualité, l'assurance de la qualité et l'amélioration de la qualité, dans le cadre du système qualité».

La **non-qualité, la disqualité, la sous-qualité et la surqualité** : c'est l'«écart global constaté entre la qualité visée et la qualité effectivement obtenue» (NF X50-120). Cet écart peut se mesurer en termes statistiques ou économiques.

Figure 4 - Le diagramme d'Euler appliqué à la qualité et à la non-qualité

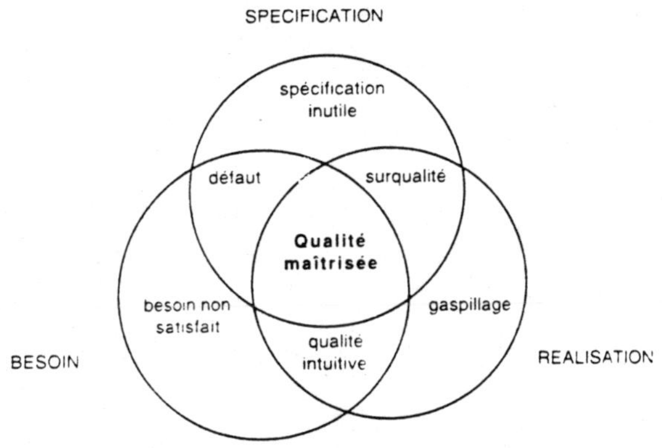

Source : Eric Sutter.- Services d'information et qualité (N4), p. 21

La **politique qualité** est l'ensemble des objectifs généraux en matière de qualité, tels que définis par la direction générale.

La **procédure** est la «manière spécifiée d'accomplir une activité» (NF X50-120). Elle détermine les tâches à accomplir par chacun des acteurs.

Le **système qualité** est «l'ensemble de la structure organisationnelle, des responsabilités, des procédures, des procédés et des ressources pour mettre en œuvre la gestion de la qualité»[7].

Enfin, et pour conclure ce glossaire, voici la définition de quelques termes nouvellement utilisés dans la presse spécialisée :

Le ***benchmarking***[8], un outil de la démarche qualité au même titre que l'analyse de la valeur, est «la démarche qui consiste à évaluer les produits, les services et les méthodes de travail par rapport à ceux de ses concurrents les plus performants»[9]. Le benchmarking permet aux responsables d'entreprises ou de services de comparer leurs résultats à ceux d'autres services ou sociétés du même domaine d'activité et de se replacer ainsi dans un environnement concurrentiel

Le ***lean management***[10] est la capacité à donner plus de valeur aux produits en utilisant moins de ressources : tout ce qui ne produit pas de valeur ajoutée pour le client doit être abandonné. Cette politique nécessite un dialogue permanent avec le client.

Les enjeux de la qualité

Les enjeux de la qualité, et par voie de conséquence de la non-qualité, sont très importants : de la contrariété de l'utilisateur au parasite qui dévore l'intérieur de l'entreprise, la non-qualité se paie à tous les niveaux : produit national brut, budget de l'Etat, augmentation des produits que nous achetons...

- *Les enjeux fonctionnels* : tout défaut important, de conception ou de réalisation, peut affecter la fonction du produit, sa mission, ou

---

7 Notice N53 : AFNOR.- Gérer et assurer la qualité..., p. 28

8 Notice N13 : Guy Saint Clair.- Benchmarking, Total Quality Management and the learning organization...

9 Notice N16 : Eric Sutter.- Benchmarking et management de l'information documentaire...

10 Notice N9 : Ritva Launo.- Knowledge marketing : lean management of quality products...

l'accomplissement du service. L'accumulation de défauts mineurs peut avoir des effets négatifs de plus ou moins grande ampleur.

- *Les enjeux humains et sociaux* : les incidents provoqués par des défauts de réalisation ou de conception ont des répercussions humaines. La vie sociale en est perturbée et des tensions peuvent ainsi être entretenues. Aux Etats-Unis particulièrement, les utilisateurs peuvent attaquer en justice les fournisseurs et prestataires de services qui ne tiennent pas les promesses de qualité concernant leurs produits.

- *Les enjeux économiques* : les coûts de non-qualité sont énormes : les pertes annuelles des entreprises françaises étaient estimées officiellement en 1992 à près de 10 % de leur chiffre d'affaires, soit environ 400 milliards de francs[11]. Ces coûts sont d'ailleurs très souvent sous-estimés : l'«entreprise cachée» évoquée par Feigenbaum consacre son activité à produire des défauts et passe son temps à corriger des défauts et à effectuer des actions correctives. Elle est un parasite qui dévore de l'intérieur la substance de l'entreprise.

Qualité et services électroniques d'information

Une banque de données est par définition un produit d'information délivré par une entreprise de service. Il est courant de distinguer les produits (matériels) et les services (immatériels). Actuellement, le terme «produit» tend à s'imposer pour désigner les uns et les autres : ainsi un voyage en avion, un placement financier sont qualifiés de «produits». En effet, produits et services sont souvent associés dans les fournitures et prestations des entreprises. Si le terme «produit» est de plus en plus usité, c'est toujours un service qu'attend l'utilisateur. Ainsi l'acteur le plus important est le client, utilisateur final ; si celui-ci disparaît, l'entreprise ferme ses portes. Le respect du référentiel (c'est-à-dire la conformité constante au niveau d'excellence visé) est donc vital pour la survie du producteur de banque de données.

---

11 Notice N2 : Lucien Cruchant.- La qualité..., p. 22.

Les caractéristiques des services sont les suivantes : intangibilité, hétérogénéité, aspect périssable et participation du client dans le processus de production. On conçoit donc aisément qu'il peut être difficile d'assurer une qualité uniforme des services et d'introduire une approche de qualité totale dans les milieux de l'information. Il serait plus juste de parler de processus continu d'amélioration des services[12].

Eric Sutter[13] déclare que «la qualité, dans le domaine de l'information, c'est faire en sorte que le client-utilisateur soit satisfait non seulement en termes de contenu de l'information fournie mais aussi en termes de présentation et de service associé à cette fourniture». Appliquée aux services d'information, «la démarche qualité est l'ensemble des mesures organisationnelles que l'on va mettre en œuvre pour faire en sorte que les produits et services d'information réalisés satisfassent durablement les utilisateurs ou clients ; c'est un ensemble de méthodes et d'outils que l'on va utiliser pour faire la chasse aux défauts et aux coûts inutiles»[14]. Mais qu'en est-il des services électroniques d'information ? Quelles en sont les spécificités ?

Le groupe Qualité des banques de données de l'Association des professionnels de l'information et de la documentation (ADBS) met ainsi en évidence les caractéristiques propres au produit-banque de données[15] : «Une banque de données est avant tout un produit immatériel qui nécessite un support de diffusion. Il s'agit donc bien d'un produit. Contrairement aux produits industriels fabriqués de façon répétitive, la banque de données est un produit unique mais qui peut se reproduire très facilement : de ce point de vue ses caractéristiques sont très proches de celles de logiciels. C'est un produit qui ne s'use pas. Le défaut est toujours une erreur commise pendant le processus de réalisation. C'est un produit en perpétuelle évolution qui ne présente d'intérêt pour son utilisateur qu'actualisé en permanence. La qualité du produit pourra donc évoluer dans le temps. A l'instar de nombreux produits industriels, c'est un produit qui peut impliquer plusieurs intervenants : fournisseur de

---

12 Notice N6 : France Bouthillier.- La qualité totale et la qualité des services dans les bibliothèques...

13 Notice N4 : Eric Sutter.- Services d'information et qualité..., p. 29

14 Notice N18 : Eric Sutter.- Introduction à la maîtrise de la qualité des services d'information et de documentation...

15 Notice N1 : ADBS.- La démarche qualité : application aux services électroniques d'information..., p. 14

données primaires, fournisseur de logiciel, analyste de données, administrateur, distributeur, courtier, utilisateur. La maîtrise des relations entre ces intervenants influe sur la qualité perçue par l'utilisateur-client. Il s'agit donc d'un produit complexe dont la qualité n'est pas facile à maîtriser.»

La qualité dans le domaine de l'information et plus particulièrement des banques de données, c'est avant tout faire en sorte que le client-utilisateur soit satisfait :

- en terme de contenu de l'information fournie (fond et forme)

- en terme de support

- en terme de service associé à cette fourniture (existence ou non de services «plus», tarifs, conditions de service, etc.)

Il est donc aisé de comprendre que la construction de la qualité ne peut se réduire à un simple contrôle destiné à constater l'étendue des dégâts. Il faut que cette construction s'effectue de façon endogène tout au long des phases de développement et de maintenance de la banque de données et s'insère dans une démarche marketing dont la qualité totale serait l'un des outils[16] .

---

16 Notice N17 : Eric Sutter.- La démarche qualité, facteur d'intégration des activités documentaires dans l'entreprise...

La mise en place de la démarche qualité : application aux services électroniques d'information

Que l'on veuille créer une banque de données de qualité ou améliorer la qualité de services existants, la démarche à suivre doit être méthodique et formalisée. Il s'agit d'un «processus» qui e,t décrit comme une «suite d'activités ou d'opérations, ordonnée en vue d'obtenir un résultat défini»[17]. Dans le domaine qui nous intéresse pour cette étude - à savoir les banques de données - la maîtrise de ces opérations visant à faire bien du premier coup ne laisse pas de place à l'improvisation et nécessite un grand professionnalisme ; en effet, une banque de données est une entreprise complexe regroupant des compétences professionnelles très diverses. De nombreuses initiatives ont échoué dans le passé, faute d'une démarche qualité globale lors des différentes phases de développement (le taux de mortalité des banques de données professionnelles serait d'environ 16 % ![18]).

Mettre en place une démarche qualité : processus et outils

Le déclenchement d'une telle démarche passe en premier lieu par un engagement de la direction : cette première étape initialise l'état d'esprit du service et sert de base pour construire le projet. Cette orientation stratégique ayant pour but d'atteindre des objectifs d'amélioration, l'approche stratégique se veut délibérément démocratique : «Elle doit être comprise et appropriée à tous les niveaux»[19]. Ensuite, chaque qualiticien possède ses recettes propres et ses méthodes. Les méthodes proposées pour mettre en place un processus de démarche qualité ont toutes un dénominateur commun : le client-utilisateur. Etre à l'écoute du client est une obligation pour tous les acteurs de l'entreprise entrant dans un processus de qualité. L'ensemble des informations sur les clients et les utilisateurs est souvent nommé «la voix du client»[20]. Un autre point commun réside dans l'élaboration de véritables plans de

---

17 Notice N2 : Lucien Cruchant.- La qualité..., p.55

18 Notice N25 : ADBS ; GFII.- Produits et services d'information électroniques accessibles au public professionnel..., p.2

19 Notice N62 : Georges Napolitano.- La certification des services..., p.82

20 Notice N3 : Jean-Marie Gogue.- Management de la qualité..., p.91

bataille écrits et formalisés, plus ou moins détaillés et longs, correspondant aux spécificités de chaque service.

En France, les processus de mise en œuvre de la démarche qualité, tant au niveau de la conception qu'au niveau de l'amélioration des services dans le domaine des services électroniques d'information ont fait l'objet d'une formalisation[21] .

- *L'amélioration des services* dans le cadre d'une structure existant déjà : une démarche méthodique d'amélioration d'un service d'information passe par les phases successives suivantes[22] .

  – Prise de conscience des attentes des clients : un écart peut exister entre les attentes et la qualité perçue par les utilisateurs-clients. Cette prise de conscience est l'occasion de diagnostiquer les défauts, les dysfonctionnements les plus graves, qui grèvent le bon fonctionnement du service ;

  Les outils : pour connaître ces dysfonctionnements et mettre au point un plan d'amélioration de la qualité, quatre sources d'information existent : les clients, le personnel, l'organisation et les coûts.

  Cette phase sert à déterminer une stratégie de qualité et à mettre en place un «standard» de qualité. L'organisme peut alors procéder aux étapes suivantes.

  – Formalisation et mise à plat du processus de réalisation (figure 5 ci-après). Chaque phase de production peut générer des erreurs ; cette étape permet de mettre en évidence une notion très importante : le concept de relation client/fournisseur interne. Cette relation client/fournisseur interne est destinée à identifier les prestations internes, les responsabiliser et leur donner un référentiel pour évaluer la prestation. Le marché entre alors dans l'entreprise où chaque employé est à la fois le client d'un autre et le

---

21 Notices N4 : Eric Sutter.- Services d'information et qualité, N1 : ADBS.- La démarche qualité : application aux services électroniques d'information...

22 Notice N4 : Eric Sutter.- Services d'information et qualité..., chapitre 3.

fournisseur d'un autre. Bref, cette relation permet de professionnaliser la relation et d'offrir en quelque sorte un terrain d'entraînement pour réaliser un partenariat positif avec le client-utilisateur final.

Figure 5 : analyse d'un processus de réalisation

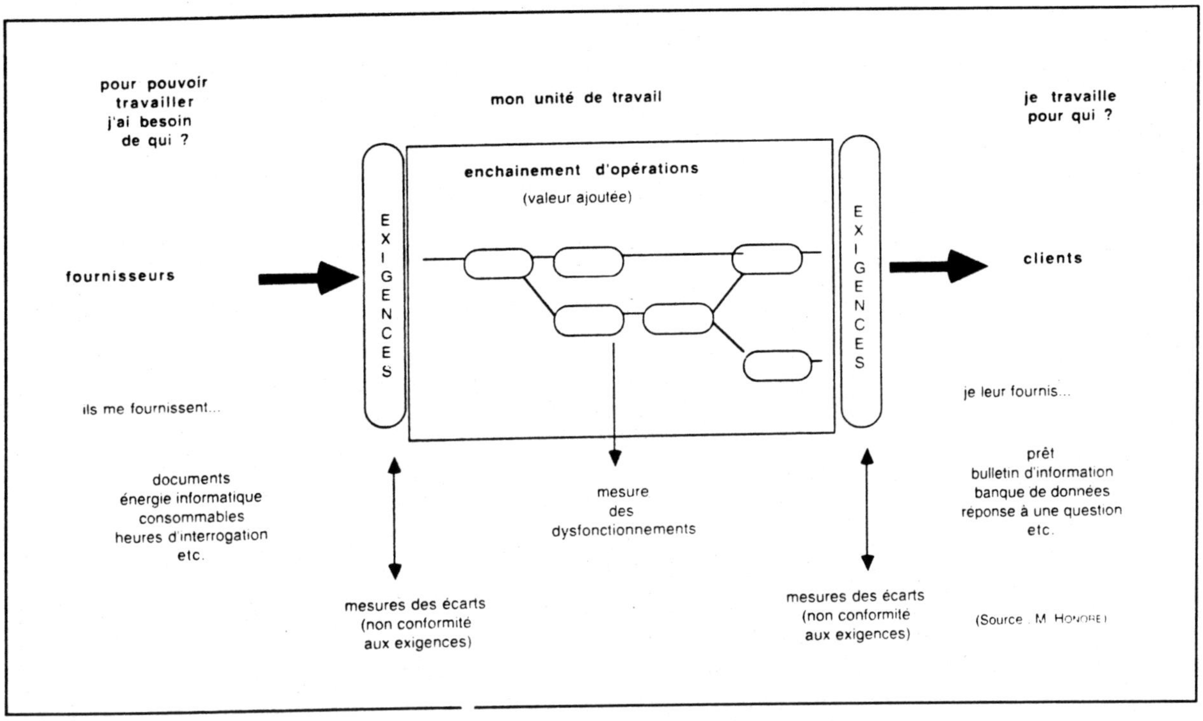

Source : N4 : Eric Sutter.- Services d'information et qualité, p.39

– Dépistage des erreurs par toutes les voies possibles (fiches d'évaluation des clients, interviews des personnes en contact avec les clients, lettres de réclamation, enquêtes, observations du comportement des utilisateurs etc.) afin de quantifier et pondérer l'importance de chaque défaut, du défaut mineur au défaut «vital».

Outils utilisés pour quantifier les défauts : diagramme de Pareto (figure 6 ci-après), arbre des causes (diagramme d'Ishikawa - figure 7), tableau de bord et indicateurs de qualité (cf. p. 62).

Figure 6 : Diagramme de Pareto

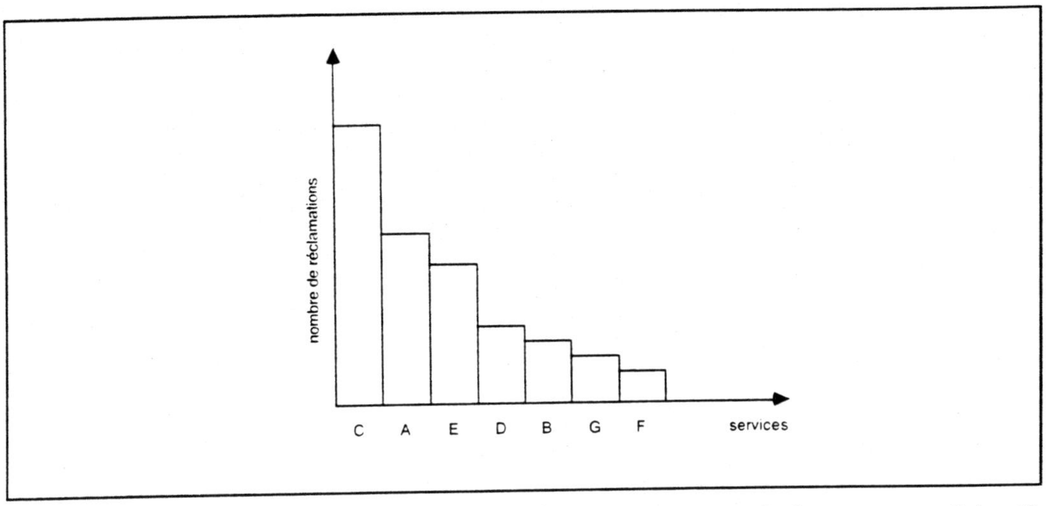

Source : N4 : Eric Sutter.- Services d'information et qualité. p.43

Le principe de Pareto peut s'énoncer ainsi : parmi les causes des faits, un petit nombre a de grands effets *(vital few and trivial many)*. Ce principe est intéressant pour l'étude des problèmes liés à la qualité car la plus grande partie du coût de la non-qualité d'une entreprise s'explique généralement par un petit nombre de causes. Le diagramme de Pareto est une représentation graphique de données dont le but est d'aider à fixer les problèmes prioritaires.

Figure 7 : Arbre des causes (diagramme d'Ishikawa)

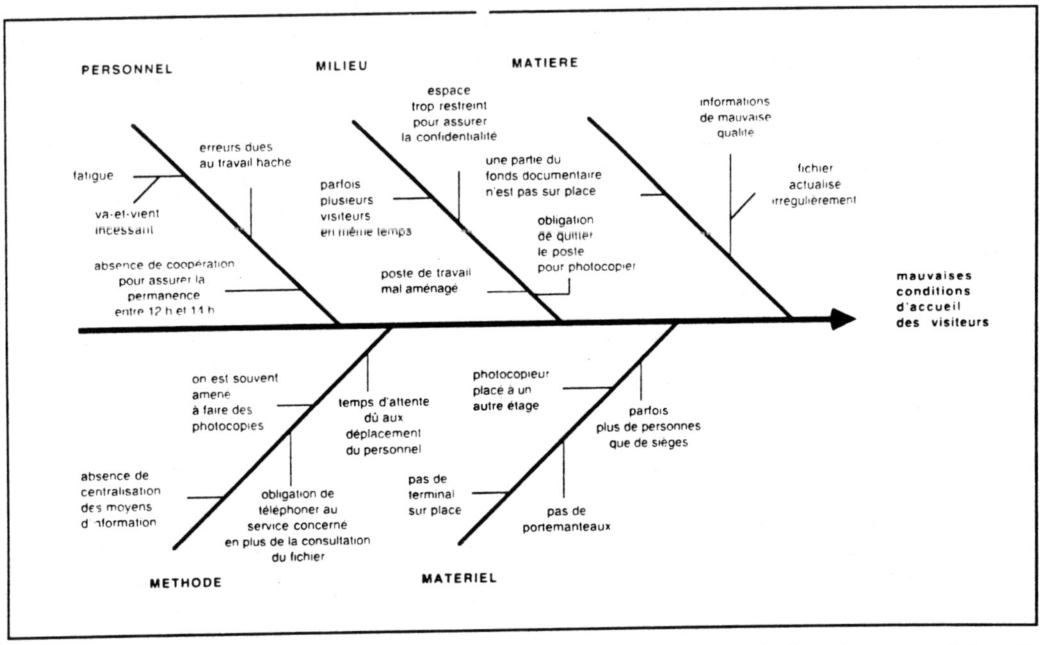

Source : N4 : Eric Sutter.- Services d'information et qualité, p.45

Ce diagramme est un mode de visualisation et d'analyse des causes possibles d'un effet constaté. Il constitue un support visuel pour un travail de groupe et permet de bien poser les problèmes.

– Recherche des causes de dysfonctionnement. A l'issue de ces recherches, des solutions doivent être trouvées et formalisées.

Outil : arbre des causes (figure 7 ci-dessus) et travail de groupe : groupes de résolution de problèmes et cercles de qualité (cf. p. 61).

– Mesures curatives et recherche des mesures préventives qui permettront d'éviter que les dysfonctionnements réapparaissent.

– Suivi de la mise en œuvre des mesures prises. Evaluation de ces mesures. Capitalisation de l'expérience acquise désormais par l'entreprise et faisant partie de son savoir-faire et de sa culture.

Outil d'évaluation : tableau de bord (cf. p. 62)

• *Conception d'une banque de données* : faisant une analyse des nombreux échecs de ces cinq dernières années en matière de création de banques de données en France, l'ADBS a élaboré un processus méthodique de démarche qualité pour les producteurs décidés à se lancer dans l'aventure. La qualité doit intervenir à tous les niveaux de réalisation, y compris au stade des études préalables ; une identification des besoins réels des utilisateurs est alors plus que nécessaire dans l'environnement particulièrement concurrentiel du marché des banques de données. Afin d'éviter des erreurs fatales, il est nécessaire de consigner l'expression fonctionnelle de ces besoins dans un cahier des charges intégrant toutes les orientations stratégiques du service. Un soin très particulier doit également être apporté à la phase de commercialisation. La création d'une banque de données de qualité ne peut être l'œuvre que d'un véritable manageur de l'information, possédant les armes d'un professionnalisme qui ne s'improvise guère. Ce manageur devra également maîtriser les coûts et les délais pour mener à bien son projet. «Faire l'économie d'une phase ou d'une compétence ne permet pas d'atteindre l'objectif de la qualité globale. Il est courant de dire que le succès en matière de développement d'un service d'information s'appuie sur la répartition des coûts suivante : connaissance de la demande (20 à 30 %) ;

production - personnel et informatique (30 à 35 %) ; promotion et commercialisation (35 à 50 %)»[23].

Le groupe qualité des banques de données de l'ADBS[24] distingue huit phases nécessaires au développement d'une banque de données :

- détermination des objectifs et délimitation du projet ;
- diagnostic de la situation et validation de l'idée. Cette étape consiste à vérifier que le projet est cohérent avec les stratégies de l'entreprise, et que l'idée est réalisable (techniquement, financièrement et commercialement). Il est nécessaire à ce stade de bien identifier et formaliser les exigences du client -utilisateur ;
- préparation des solutions et évaluation préalable des coûts ;
- architecture du système d'information et rédaction du cahier des charges. Cette étape est la dernière de l'étude préalable et constitue l'étape charnière avec le stade de la conception ;
- conception détaillée : au cours de cette phase, les spécifications fonctionnelles du système doivent être définies. C'est également l'étape au cours de laquelle se lient les relations avec les fournisseurs de logiciels auxquels doit être fourni un cahier des charges fonctionnel très précis ;
- réalisation et tests ;
- fonctionnement : la clé de voûte de cette phase est la qualité de l'environnement commercial : cette étape marque le début d'un dialogue avec les clients-utilisateurs ;
- maintenance : assurer la continuité d'un service de qualité est une obligation : mise en place de tests d'évaluation, d'indicateurs de qualité, mesure de la satisfaction des utilisateurs.

---

23 Notice N4 : Eric Sutter.- Services d'information et qualité..., p.76

24 Notice N1 : ADBS.- La démarche qualité : application aux services électroniques d'information..., partie 2

Récemment (mars 1994), au niveau européen, la Commission européenne (DGXIII/E) préconisait quatre étapes pour réussir l'assurance qualité dans un service d'informations[25] : établir un système qualité, définir les spécifications du service d'informations, définir les spécifications des objets d'information et enfin mettre en place les procédures de contrôle des services et produits.

En matière de services en général, Georges Napolitano et Jean Lapeyre[26] proposent un plan de travail légèrement différent, plus détaillé, car ils s'appuient sur des expériences concrètes vécues dans des structures de taille importante. L'essence de leur démarche qualité demeure néanmoins la même et on retrouve dans leur manuel les idées phares insérées dans une démarche globale de marketing : engagement de la direction, analyse de l'existant et des besoins des clients, détection des dysfonctionnements, sensibilisation du personnel, prévention des erreurs, suivi et mesure, etc. L'accent est également mis sur la nécessité de s'inscrire dans un mouvement permanent de recherche et de veille pour se démarquer et se singulariser par rapport aux entreprises concurrentes : «Se contenter d'une qualité moyenne alors que les concurrents s'améliorent, voici un danger mortel»[27]. Seule la politique du service «plus» va être la bonne surprise pour le client et va le fidéliser.

La mesure de la qualité, le coût de la non-qualité, la mise en place d'actions correctives, l'instauration d'un esprit d'équipe, la préparation des objectifs et l'amélioration constante du processus sont les différentes étapes chronologiques du management de la qualité telles que les décrit Jean-Marie Gogue[28] : autre qualiticien, autre technique, autre méthode. Mais les ingrédients de la démarche de qualité totale sont toujours là :

- la qualité *attendue* par l'utilisateur futur ;

25 Notice N32 : Dr N. Swindells.- The quality assurance of information products and services...

26 Notice N62 : Georges Napolitano.- La certification des services...

27 Notice N3 : Jean-Marie Gogue.- Management de la qualité..., p.53

28 Notice N3 : Jean-Marie Gogue.- Management de la qualité...

- la qualité *spécifiée* : la spécification des besoins exprime les fonctions à remplir ;
- la qualité *définie* : le produit (ou le service) est défini et décrit afin d'être réalisé ;
- la qualité *maintenue* ;
- la qualité *perçue* par l'utilisateur au cours de son utilisation du produit (ou du service).

Dans un monde parfait, la qualité perçue serait la qualité attendue et la boucle serait ainsi bouclée...

Exemples concrets appliqués à des services électroniques d'information

Nous venons d'appréhender de façon très brève la manière dont doit être réalisé un processus de démarche qualité dans les sociétés de service, et plus particulièrement dans une société productrice de banques de données. Voyons maintenant ce qu'il en est dans la réalité à travers quelques exemples.

- *Infomat*[29] est une société britannique productrice d'une banque de données en ligne ayant mis en place une démarche de *Total Quality Management* (TQM). Sebastian Crawshaw a présenté de manière très détaillée l'ensemble de la démarche lors d'un congrès à Garmisch-Partenkirchen (2 au 4 mai 1993) sur la qualité des services d'information : nous aimerions insister au passage sur le caractère d'extrême rareté de ce genre de communication relatant de façon relativement transparente une expérience riche de renseignements précieux pour les professionnels de l'information.

  Filiale de Predicasts (organisme spécialisé dans l'observation économique du marché) et fondée en 1981, la société Infomat a effectué la mise en œuvre de sa démarche qualité en trois ans (novembre 1989 à décembre 1992). Six étapes principales ont jalonné son parcours :

29 Notices N21 : Sebastian Crawshaw.- Infomat : building a quality organization..., et N67 : Josef Herget.- Cost of (non-)quality : why it matters for information providers...

- prise de conscience en novembre 1989 ;
- recherches : formation, calcul de la non-qualité (les coûts de non-qualité étaient alors estimés à environ 20 % du chiffre d'affaires et représentaient un montant supérieur aux bénéfices annuels). L'embauche d'un consultant s'avérait d'un coût trop élevé pour l'entreprise. La direction a donc décidé de faire appel aux services d'une école supérieure de commerce en employant un étudiant en cycle supérieur ;
- lancement auprès du personnel en août 1990 : des équipes internes étudient l'éventualité de modification de la structure de l'organisation ;
- mise en place : création d'un service qualité en octobre 1991. Lancement d'un plan d'amélioration constante en janvier 1992 ;
- premier audit postérieur à mise en place : février 1992 ; rapport fait au personnel. Formation pour tout le personnel en septembre 1992 ;
- objectif : certification selon les normes BS 5750 (= ISO 9002).

Le bilan est globalement positif et les bénéfices tirés de cette expérience sont nombreux :

- augmentation de la clientèle : 7 % de 1990 à 1991; ce seul fait justifiait le programme dans sa totalité ;
- augmentation des revenus en 1992 : 18 % ;
- l'amélioration des processus individuels, la mise en place d'instruments de mesure de la qualité et le changement du type de management (management participatif) ont provoqué un véritable renversement de l'échelle des valeurs dans l'entreprise ;
- répercussions positives sur la mobilité et la fidélité du personnel qui se sent motivé, intégré dans une équipe et finalement moins stressé (64 % du personnel estiment que ce programme a provoqué des changements. Sur ces 64 %, 94 % pensent que ces changements sont positifs) ;
- le client est mieux servi ;

- la société Infomat bénéficie désormais d'une certaine cohésion et la communication entre les services est meilleure : le programme de qualité a facilité la naissance d'un esprit d'équipe où chacun a pris conscience des exigences des clients ;
- apparition d'une culture d'entreprise et capitalisation d'un savoir-faire (formalisation des processus).

Une enquête effectuée auprès du personnel au sujet des inconvénients perçus donne les résultats suivants :

- paperasserie et bureaucratie plus importantes ;
- plus grande complexité associée aux changements ;
- le programme qualité manque de structuration ;
- temps passé ;
- les idées ont été mises en place trop vite.

En guise de conclusion, Sebastian Crawshaw donne douze recommandations aux professionnels désireux de mettre en place un processus de qualité :

- L'engagement doit venir de la direction
- Estimer les coûts de non-qualité
- Démarrer avec des concepts de qualité définis par les clients
- Identifier des indicateurs de qualité pour toutes les activités
- Mesurer les attitudes du personnel
- Identifier les barrières à la mise en place et les dissiper
- Communiquer les actions prévues
- Communiquer les résultats
- Former le personnel aux nouvelles techniques
- Se polariser sur le travail d'équipe
- Ecrire et simplifier les procédures
- Motiver le personnel

- *Mind*[30] est un réseau de banques de données allemandes spécialisé dans le domaine de l'actualité économique. Markus Abgottspon a lui aussi commenté la mise en place des démarches de qualité entreprises par Mind, lors du même congrès de Garmisch-Partenkirchen en mai 1993. Le programme a été réparti sur six années : de 1987 avec la mise en place d'un manuel de saisie (contrôle de la qualité) jusqu'à 1993, aboutissant à un système d'assurance qualité :

- 1987 : manuel de saisie des données pour les membres du réseau ;
- 1988 : enquête sur les besoins des utilisateurs donnant lieu à un rapport ;
- 1989 : création d'un service central de contrôle qualité et de groupes de travail ;
- 1990 : le contrôle qualité est confié à une personne dans le but d'homogénéiser le contrôle ;
- 1992 : partenariat décentralisé au niveau du contrôle avec discussion des résultats ;
- 1993 : nouvelle répartition des institutions partenaires ;
- en prévision : enquête systématique auprès des utilisateurs.

Deux types d'actions ont été entreprises pendant ces années :

- les actions internes : système d'auto-contrôle, mesures pratiques pour l'obtention de la qualité, motivation du personnel, communication ouverte ;
- les actions externes : la qualité plutôt que la quantité, questionnaires réguliers donnant lieu à des statistiques, marketing segmenté.

30 Notice N19 : Markus Abgottspon.- Qualität von Online Databanken aus Produzentensicht...

Il ressort de cette expérience que la subjectivité de la qualité dans les services d'information est déstabilisante, d'autant plus qu'il n'existe aucune autorité saisissable. La nécessité d'une cohésion entre professionnels de l'information pour pouvoir donner naissance à une culture de communication ouverte semble donc indispensable pour l'avenir. La qualité est aussi un argument utile et parlant pour le grand public et sert à créer un dialogue avec les utilisateurs.

- *Data-Star*[31] ou la « qualité suisse » : c'est tout au moins ce que déclare Patricia Craumer de Data-Star. Le contrôle qualité y serait extrêmement rigoureux : de nouveaux développements et ajouts de banques de données sur le serveur feraient l'objet de contrôles très stricts. Bien qu'il n'y ait pas de responsable qualité, la qualité intervient à tous les niveaux du processus. Ce contrôle est l'affaire de tout le personnel : chaque produit est testé par des utilisateurs dans sept pays différents avant d'être lancé sur le marché. Data-Star a dû se résoudre à renoncer à certaines banques de données dont les référentiels de qualité ne correspondaient pas à ceux du serveur...

- *Dialog*[32] pratique l'assurance qualité, affirme Barbara Anderson de Dialog Information Services, Inc. Les nouveaux produits sont étudiés à la fois par les représentants du développement du produit, les clients et le service assurance qualité du produit. Ce service a été créé pour être l'avocat des clients pendant la période de conception et les phases de tests. Il dépend de la section service-clients de la direction du marketing, avec lequel il organise des réunions d'utilisateurs. Il veille également à la cohérence et à la logique de l'ensemble du système et pratique un contrôle qualité au quotidien : son observation des dysfonctionnements du matériel donne lieu à des rapports quotidiens et hebdomadaires, destinés à mettre en place des indicateurs de performance.

---

31 Notice N22 : Donna R. Dolan.- Quality control at the system level...

32 Notice N22 : Donna R. Dolan.- Quality control at the system level...

- Signalons que la banque de données *Datastream* est citée comme un exemple de réussite par Alan Gilchrist[33]. Un représentant de Datastream se serait expliqué sur les raisons du succès de cette banque de données lors du congrès d'EUSIDIC en 1992. Nous n'avons malheureusement pas réussi à trouver les actes de ce congrès à ce jour et ne pouvons en rendre compte dans cette étude.

- *Tests de contrôle de la qualité des données* : fidèles à l'esprit du taylorisme, de nombreuses banques de données américaines pratiquent des tests de contrôle de la qualité des données. Ces procédés sont décrits d'une manière très exhaustive comme un maillon de la chaîne de fabrication : contrôles de saisie, contrôles d'indexation, contrôles de doublons, etc. Ces contrôles, pratiqués par des spécialistes du contrôle qualité, peuvent être effectués de façon manuelle ou automatique lorsque le système informatique le permet : H. W. Wilson Company à New York, Information Access Company, UMI/Data Courier à Louisville[34]. De plus, ces entreprises pratiquent couramment la relation client-fournisseur entre les différents services : les clients du service acquisition sont les indexeurs. Les indexeurs sont les clients des catalogueurs etc. L'ensemble du processus de contrôle qualité mis en place pourrait être qualifié de «super-inspection».

- Enfin, la mise au point d'une démarche de *benchmarking* en 12 étapes aux laboratoires nationaux américains *Sandia* en collaboration avec le Ministère de l'énergie a été décrite méthodiquement dans des revues spécialisées en sciences de l'information[35], mais nous n'entrerons pas dans les détails au risque de nous éloigner du sujet qui nous préoccupe...

---

33 Notice N30 : Alan Gilchrist.- Quality management in information services...

34 Notice N8 : Evelyn H. Daniel.- Quality control of document...

35 Notices N20 : Ferne C. Allan.- Benchmarking : practical aspects for information professionals..., N24 : Amado Trujillo.- Benchmarking at Sandia National Laboratories...

Une constatation s'impose : les exemples sont rares - inexistants même pour la France - et une question vient à l'esprit : comment interpréter ce silence de la part des producteurs de banques de données ? Est-il le signe de l'inexistence d'une démarche qualité ou de la volonté de ne pas communiquer des méthodes et des résultats stratégiques dans un environnement fortement concurrentiel ? Le cas d'INFOMAT, ainsi que celui de MIND tendraient plutôt à démontrer l'intérêt pour les industriels de l'information à mettre un savoir-faire en commun : informer et communiquer ne signifient pas forcément divulguer !

De plus, on peut s'interroger sur la position des producteurs français en terme d'historique du concept de qualité ; un consultant américain, Stephen E. Arnold, affirme en effet que pendant les années 1992-1997, les industriels de l'information et des banques de données connaîtront une véritable phase de reconstruction, accordant une très grande importance à la qualité, tandis que dans les années 1997-2001, la qualité, après avoir été une abstraction, deviendrait une réalité tangible[36]. La littérature professionnelle ne semble pas refléter une telle réalité chez les industriels de l'information électronique français...

---

36 Notice N5 : Stephen E. Arnold.- Information manufacturing : the road to database quality...

Who's Who de la qualité : qui fait quoi ? Organismes et travaux

A la lumière des recherches bibliographiques, nous avons essayé de dresser ci-après une sorte de catalogue des principales personnes morales et organisations françaises et étrangères focalisant leurs recherches sur la qualité en général, et sur la qualité des banques de données en particulier. De plus, pour chaque organisme, un bref résumé des derniers travaux en la matière est esquissé. Une liste des derniers congrès et séminaires réunis sur le thème de la qualité appliquée aux services d'information n'est pas sans intérêt : c'est la raison pour laquelle ceux-ci figurent dans ce bref catalogue. Vu le temps imparti pour cette étude, ce catalogue n'est malheureusement pas exhaustif : il est à l'image des différentes lectures effectuées et ne reflète donc ainsi qu'une vision sans doute très partielle des préoccupations actuelles en matière de qualité.

Les organismes et leurs travaux

De nombreux organismes de tout type travaillent sur la démarche qualité : certains, comme les organismes généralistes français en font leur cheval de bataille, voire leur unique objectif. D'autres, comme les associations de professionnels de l'information, l'intègrent peu à peu dans leurs différents travaux de recherche, dont les thèmes vont du contrôle de la qualité des données (CODATA) au management de la qualité totale (EUSIDIC) dans les services d'information.

- *Les organismes généralistes français*

– L'**Association Française d'Analyse de la Valeur (AFAV)** : doit être citée parmi les organismes œuvrant en faveur de la qualité ; l'analyse de la valeur peut en effet être considérée comme un outil de base de la démarche qualité.

– L'**Association Française de Normalisation (AFNOR)** et ses sept délégations régionales ont pour mission d'animer et de coordonner les processus d'élaboration des normes et de promouvoir leur application. Elle représente la France au Comité Européen de Normalisation (CEN) et à l'Organisation Internationale de Normalisation (ISO). Elle consacre à la qualité

une partie de son activité : normalisation, certification, formation, édition d'ouvrages.

– Le **Mouvement Français pour la Qualité (MFQ)** fut créé en 1991. Ses objectifs sont les suivants :

- constituer un véritable lieu d'échange et de développement des techniques de la qualité ;
- assurer la promotion de la qualité dans les entreprises, les services publics et auprès du grand public ;
- promouvoir le rayonnement national et international de la qualité française.

Parmi ses groupes de travail, l'un d'entre eux se préoccupe plus particulièrement de qualité des logiciels. Enfin, le Mouvement Français pour la Qualité participe à l'organisation du prix français de la qualité (cf. p. 90).

• *Les associations de professionnels de l'information*

En France :

– L'**Association des professionnels de l'information et de la documentation (ADBS)** : la commission «Techniques et méthodes documentaires» travaille depuis 1990 à l'adaptation des démarches de qualité aux spécificités documentaires. De plus, deux groupes de travail ont été créés en 1990 : le club Qualité qui est un lieu d'échange d'expériences, et le groupe Qualité des banques de données qui a publié un guide pratique en 1992[37], ainsi qu'un aide-mémoire pour le concepteur-manager d'information électronique en 1994, en collaboration avec le GFII[38]. Enfin, l'ADBS est l'un des acteurs du programme européen IMPACT (mentionné ci-dessous au paragraphe «Commission des Communautés Européennes»).

---

37 Notice N1 : ADBS.- La démarche qualité : application aux services électroniques d'information...

38 Notice N25 : ADBS ; GFII.- Produits et services d'information électroniques accessibles au public...

– **Carrefours télématiques** : est né en 1983. Ce groupe pluridisciplinaire est constitué de professionnels venant de tous horizons, orientant leurs recherches vers la qualité des services télématiques. Plusieurs recommandations ainsi qu'une grille d'évaluation ont été présentées lors du colloque «Télématique 89 : le temps de la qualité» (Paris, 27 octobre 1988). Lors du dernier congrès de l'Ile Rousse sur «Les systèmes d'information élaborée» (9-11 juin 1993), des représentants de Carrefours télématiques déclarent : «Notre propos sera d'évaluer les services télématiques en fonction des usages réels de la demande et non en termes d'offre»[39]. Carrefours télématiques prône une politique de qualité «au quotidien» et met l'accent sur la nécessité de cesser les enquêtes qui aboutissent invariablement à un taux de satisfaction de 90% d'une télématique dont peu de professionnels se servent. Enfin un rapport sur la qualité des services télématiques a été entrepris dans le cadre du programme de recherche en sciences de l'information PARINFO[40].

– Le **Groupement des Editeurs de Services Télématiques (GESTE)** se préoccupe également de la qualité des données fournies par les services télématiques et travaille actuellement sur la mise au point d'une charte de qualité (cf. p. 93).

– Le **Groupement Français de l'Industrie de l'Information (GFII)** : au colloque du 20 septembre 1993, le GFII déclarait son désir de mettre au point un guide contractuel à l'usage des professionnels de l'information et de réfléchir aux problèmes liés à la qualité de l'information[41]. Lors du conseil d'administration du 16 septembre 1994, il a décidé de créer un groupe de travail sur la qualité[42].

---

39 Notice N27 : Jean Devèze.- Les banques de données sur Minitel : quelles qualités ?...

40 Source : entretien avec Dominique Doré

41 Notice N34 : *Infotecture*, n° 281, 6 octobre 1993, p. 5

42 Source : Eric Sutter

A l'étranger

– L'**American Standard organization for Testing Materials (ASTM)** est l'un des grands organismes américains de normalisation. Cet organisme a créé un comité particulier pour les banques de données : le comité ASTM E-49, chargé de l'informatisation des données concernant les propriétés des matériaux.

– **CODATA** fut créée en 1966 en vue d'améliorer la qualité des données dans tous les domaines de la science et de la technologie. CODATA fut à l'origine de nombreux séminaires sur la qualité des services d'information électroniques. En 1987, un groupe de travail spécifique travaille sur la gestion des banques de données matériaux. Ces travaux concernent la qualité des données et n'abordent pas la démarche qualité dans sa globalité.

– Le **Deutsche Gesellschaft für Dokumentation (DGD)** a organisé le congrès sur la qualité des services d'information à Garmisch-Partenkirchen en mai 1993.

– La **Finnish Society for Information** est constituée de deux groupes : qualité des banques de données et qualité des services d'information. Des enquêtes auprès des utilisateurs en collaboration avec EUSIDIC ont été entreprises. La Finnish Society for Information participe également à l'élaboration de tests standards sur les banques de données[43] .

– La **Library Association** et la **UK Online Users Group (UKOLUG)** en Grande-Bretagne. Signalons le dynamisme des associations britanniques en matière de qualité et de certification, même si les publications récentes portent plutôt sur les applications de la démarche qualité dans les bibliothèques et les centres de documentation[44] .

---

43 Notice N26 : Pamela Cahn.- Testing database quality...

44 Notices N15 : Guy Saint Clair.- The future challenge : management and measurement..., et N10 : Ann Lawes.- The benefits of quality management to the library and information services profession...

– **NORDINFO** est une association scandinave qui participe depuis janvier 1993 au financement de travaux sur la qualité et sur l'interprétation à donner par les services d'information des normes ISO 9000. Ce projet est prévu pour une durée de 20 mois[45].

– Le **Southern California Online Users Group** (nouvelle appellation : **Seven Continents Online Users Group**[46]) **(SCOUG)** a participé aux enquêtes auprès des utilisateurs en collaboration avec EUSIDIC. Le SCOUG travaille également à la mise au point des tests concernant les banques de données américaines[47].

Dans le cadre de la Communauté Européenne

– La **Commission des Communautés Européennes (CCE)** et sa direction générale DGXIII ont élaboré un «Code of Practice», souvent jugé très vague par les professionnels de l'information, afin de rassembler les exigences relatives à la production des banques de données sur les matériaux. Les résultats de ce programme ont été présentés et discutés en décembre 1989 au séminaire de Petten (Pays-Bas). La Commission soutient également le programme européen IMPACT (Information Market Policy ACTions). L'un des objectifs de ce programme est «d'améliorer la convivialité des systèmes et de promouvoir une véritable culture de l'information»[48]. La politique de la DGXIII en matière de qualité est relativement récente et ne bénéficie encore que de faibles soutiens financiers. Quelques rapports sur la qualité et sur le management de la qualité ont été produits dans le but d'informer et de sensibiliser les milieux de l'information à la qualité totale, aux mesures de la qualité et à une démarche de certification dans le cadre des normes ISO 9000. Le

45 Notice N60 : Carl Gustav Johanssen.- Umsetzung von TQM bei Informationsdiensten..., p. 152

46 Notice N29 : Alan Gilchrist.- Customer evaluation of systems and services...

47 Notice N26 : Pamela Cahn.- Testing database quality...

48 Notice N66 : *ADBS-Informations*, septembre 1994, p. 3

dernier rapport, le contrat QUALEX du 3 mars 1994[49] fait ressortir la nécessité de définir les spécificités des services d'information avant de rentrer dans un quelconque processus industriel de normalisation. Il suggère par ailleurs aux producteurs de banques de données de se servir du code de pratique sur les banques de données sur les matériaux comme d'un modèle.

– L'**European Quality in Information Programme (EQUIP)** : EUSIDIC, EUROLUG et GAVEL, une association de consultants, ont mis au point ce programme sur l'application du management de la qualité (fin 1993-début 1994) dans le secteur de l'information. Ce programme est financé par la Communauté Européenne et prévoit une série d'enquêtes sur l'impact de la qualité. Seront publiés des exemples concrets d'application de la démarche qualité. Enfin, il est prévu la création d'un code international dans le but de créer une certification se basant sur un schéma européen. Dans le cadre de ce programme, des enquêtes ont été réalisées auprès des utilisateurs pour le compte de la DG XIII, et son projet «Mesure de la qualité dans le secteur de l'information». Ces enquêtes ont été menées en 1994 en collaboration avec le SCOUG et EUROLUG.

– L'**European Information Industry Association (EIIA)** et l'**European Information Researchers Network (EIRENE)** ont publié en 1993 un code de déontologie pour les brokers en information en collaboration avec EUSIDIC[50] .

– L'**European Online User Group (EUROLUG)** a effectué des enquêtes auprès des utilisateurs de banques de données dans le cadre de la DGXIII.

– L'**EUSIDIC, the European Association of Information Services** est une organisation internationale, née en 1970. Cette association regroupe

---

49 Notice N32 : Dr N. Swindells.- The quality assurance of information products and services : a summary of a report...

50 Notice N33 : *Infotecture*, n° 283, 5 novembre 1993, p.6

180 organismes fournisseurs et utilisateurs de banques de données d'une vingtaine de pays. L'EUSIDIC a publié des directives et un code de pratique (1983), et organise fréquemment des séminaires et des ateliers sur la qualité. Les travaux d'EUSIDIC sont basés sur les évaluations faites par les utilisateurs auxquels il est délibérément accordé une importance de premier ordre. Les rencontres EUSIDIC de Rotterdam en mars 1992 ont été consacrées au management de la qualité[51] avec 60 participants dont l'objectif principal était d'introduire les procédures de management de la qualité dans le secteur de l'information. EUSIDIC se concentre également sur les techniques de mesure de la qualité et sur l'établissement d'une agence européenne de certification pour le secteur de l'information. Enfin, un vaste programme d'enquêtes auprès des utilisateurs est lancé en janvier 1993.

Les derniers congrès, séminaires, journées d'études des professionnels de l'information sur le thème de la qualité

Parallèlement à l'accroissement de la littérature sur la qualité et le management de la qualité, de nombreux congrès, séminaires ou journées d'étude - notamment dans le secteur de l'information - ont eu lieu dans le monde entier ces deux dernières années.

– La conférence allemande sur la documentation, Iéna, 1993 *(Deutscher Dokumentartag)* s'est focalisée sur le problème du management de l'information et du management de la qualité, et sur les aspects sociaux et éthiques de la qualité[52].

– Online/CD-Rom information 93, 17th international meeting, Londres, 7-9 décembre 1993 : à l'occasion de cette conférence, EUSIDIC communique les

---

51 Notice N31 : Barry Mahon.- The EUSIDIC programme on quality management for the information sector...

52 Notice N37 : Rafael Capurro.- Beyond information quality...

résultats de l'enquête menée depuis janvier 1993 ; malheureusement les actes de cette conférence n'ont pu être trouvés dans le cadre de cette étude.

– Séminaire sur le marketing dans les services d'information, Pékin, 25-28 avril 1993.

– Congrès sur la qualité des services d'information *(Qualität von Informationsdiensten)*, Garmisch-Partenkirchen, 2-4 mai 1993, organisé par le Deutsche Gesellschaft für Dokumentation (DGD).

– Séminaire sur les normes ISO 9000 et leur application dans les services d'information *(BS 5750 / ISO 9000 in libraries and information centres - Why bother ?)*, Londres, 12 avril 1994. Les actes de ce séminaire ont été publiés en juin 1994.

– Séminaire sur les spécificités de la qualité des services et produits d'information, Luxembourg, 8 juin 1994. Les actes de ce séminaire devaient être publiés fin 1994.

– Congrès IDT 1994 : *Gérer l'information pour l'excellence de l'entreprise*, Paris, 31 mai-2 juin 1994.

– Le 47e congrès de l'International Federation for Information and Documentation (FID) sur le thème suivant : *la découverte des nouvelles valeurs et des nouveaux usages de l'information («Finding new values and uses of information»)*, Saitama (Japon), 2-9 octobre 1994.

– Le troisième forum sur *La qualité des services d'information documentaire* organisé par l'ADBS devait avoir lieu le 15 décembre 1994.

Les travaux ponctuels entrepris par des individus sur la qualité des banques de données

Les travaux dont il est question ci-après ont un dénominateur commun : ils sont le fait d'individus travaillant dans la plupart des cas sur un aspect bien particulier du contrôle qualité des données entrées dans les banques de données.

- *Tests standard sur les banques de données* : aux Etats-Unis particulièrement, des tests standard sont élaborés. La question de l'efficacité de ces tests est souvent discutée car le taux d'erreur peut être différent selon les tests utilisés. Selon certains professionnels de l'information, les variables sont trop nombreuses pour faire des tests standard[53] . Bien que des organisations développent ces tests (SCOUG, Finnish Society for Information), il s'agit plutôt de recherches individuelles accomplies par des chercheurs pour la plupart d'origine américaine. Citons particulièrement :

- Jeffrey Beall, concepteur du « dirty database test » (1991) sur les mots susceptibles d'être mal orthographiés lors de la saisie ;
- Charles Bourne ;
- Pamela Cahn ;
- Peter Jacso[54] qui distingue deux types d'erreurs de saisie dans les banques de données : les erreurs visibles (erreurs typographiques, erreurs d'orthographe, utilisation de certains champs comme « poubelles », etc.) et les erreurs invisibles, plus dangereuses, c'est-à-dire les oublis. Le travail de Peter Jacso consiste à développer une stratégie de recherche défensive pour l'utilisateur et à élaborer des tests applicables à toute banque de données pour repérer aisément ces erreurs. L'idéal voudrait que les producteurs utilisent ces tests pour nettoyer leurs banques de données et publient leurs résultats ;
- Carol Tenopir.

---

53 Notice N26 : Pamela Cahn.- Testing database quality...

54 Notices N38 et N39 : Peter Jacso : Searching for skeletons in the database cupboard...

- *Check-lists d'évaluation*

Sheila A. E. Webber propose deux grilles de critères spécifiques pour l'évaluation de la qualité des banques de données d'actualité (une grille pour les producteurs, l'autre pour les serveurs)[55]. Ces grilles sont le résultat d'un questionnaire envoyé aux serveurs et aux producteurs.

- *Mesure du comportement des utilisateurs*

Barbara Wildemuth, Ruth de Bliek et Charles P. Friedman[56] ont mis au point un système de mesures statistiques en observant le comportement de 26 étudiants en médecine durant leurs recherches sur la banque de données INQUIRER, spécialisée en microbiologie. Les résultats de leurs recherches ont permis d'élaborer des techniques statistiques de mesures. En l'état actuel, cette étude ne peut malheureusement être généralisée à d'autres banques de données, ce qui serait nécessaire pour pouvoir élaborer une typologie du comportement des utilisateurs, qu'ils soient chercheurs ou non.

Les travaux de recherche foisonnent, et la qualité est à l'ordre du jour chez les professionnels de l'information en France et dans les pays de la Communauté Européenne. Les moyens humains et financiers mis en œuvre par la DGXIII sont d'une importance primordiale car les enjeux économiques et stratégiques liés au secteur de l'information sont désormais reconnus par les autorités de chaque pays. Il est malgré tout très important de noter que plusieurs courants différents se dégagent, adoptant des démarches différentes : certains prônent une démarche marketing intégrant la qualité totale comme un outil de

55 Notice N40 : Sheila Webber.- Criteria for comparing news databases...

56 Notice N41 : Barbara Wildemuth.- Measures of searcher performance : a psychometric evaluation...

management, alors que d'autres se penchent plutôt sur les problèmes de qualité des données. Un premier constat peut ainsi être effectué : la qualité est un concept qui a évolué et qui continue d'évoluer au fil des ans. Sous ce concept se cachent des réalités parfois très différentes. La deuxième partie de cette étude va maintenant nous permettre de naviguer sur la carte des pratiques de qualité chez les producteurs de banques de données en France.

Deuxième partie

Les producteurs français de banques de données et la qualité

Nous venons de constituer une sorte de « thésaurus » (au sens strict) sur la qualité, ses enjeux, ses tenants et ses aboutissants. Notre démarche consiste maintenant à analyser la réalité à la lumière des lectures sur le sujet, et d'en tirer les conclusions qui s'imposent : qu'en est-il de la qualité aujourd'hui en France dans les pratiques quotidiennes de gestion et de management chez les producteurs de banques de données ? Ne s'agit-il que d'un mythe, quelles réalités se cachent donc derrière les mots ?

Et tout d'abord, il semble nécessaire de définir le terme «banque de données». Marie-France Blanquet[57] en donne la définition suivante : «Tout type de fichier accessible à distance à l'utilisateu». Elle distingue par ailleurs deux catégories de banques de données :

- les banques de données de références dans lesquelles la donnée ne peut être exploitée directement. Il faut accomplir une démarche supplémentaire pour se procurer le document original ;
- les banques de données sources donnant accès à une information directement utilisable, et se subdivisant en quatre catégories : banques de données textuelles (*full text*), banques de données factuelles, banques de données répertoires et banques de données multimédia.

Dans une logique de marché - celle qui a motivé nos choix d'enquêtes - on distingue quatre grandes familles de banques de données[58] : les banques de données ASCII dites «classiques», le vidéotex, les banques de données dites «portables»[59] (les CD-Rom), et enfin l'audiotex. Notre enquête a été effectuée auprès des producteurs des trois premières familles de banques de données ; en effet, l'audiotex s'est plutôt développé aux Etats-Unis et au Royaume-Uni et nous avons donc décidé de ne pas rencontrer de producteurs de ce type de banques de données.

---

57 Notice N43 : Marie-France Blanquet.- L'industrie de l'information...

58 Notice N46 : Les activités des banques de données...

59 Notice N43 : Marie-France Blanquet.- L'industrie de l'information...

Les indicateurs de (non-)qualité fournis par le marché de l'information électronique

Notre propos n'est pas d'effectuer une étude sur le marché de l'information électronique mais de détecter les indices de qualité ou de non-qualité discernée en analysant les dernières statistiques sur le sujet. Les chiffres recensés ne sont malheureusement pas toujours récents, le contenu de ce qu'on appelle l'information électronique n'est pas toujours le même selon les sources utilisées, mais les tendances sont bien là en termes de qualité et même si la situation économique du secteur des banques de données est saine, même si le nombre de défaillances dans le secteur est considéré comme négligeable[60], le taux de mortalité des banques de données (16 %) doit pouvoir s'expliquer de façon rationnelle...

Quelques chiffres intéressants recueillis à l'occasion de différentes enquêtes ont ainsi retenu notre attention.

Premier indicateur : les insatisfactions des utilisateurs

- *Le dernier rapport de l'Observatoire du Marché de l'Information* (IMO) de la Commission des Communautés Européennes DGXIII/E, datant de 1992 d'après une enquête effectuée en 1991 auprès de 500 utilisateurs de banques de données de la Communauté Européenne, montre que 26 % des personnes enquêtées ont annulé leur abonnement aux banques de données ou ont cessé de les utiliser. Même s'il s'agit d'une enquête réalisée au niveau européen, il est très intéressant de se pencher sur les raisons de ces résiliations (figure 8 ci-après).

60 Notice N46 : Les activités des banques de données...

Figure 8 : Raisons des résiliations de contrats aux banques de données ou de leur non-utilisation

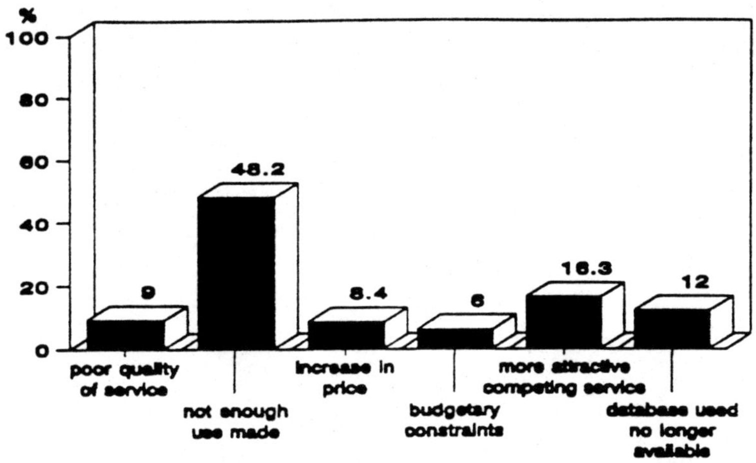

Source : N44 : IMO.- Summary results of 1991 user panel survey

Même si la majorité des personnes interrogées (79 %) ne ressent aucune différence entre le secteur public et le secteur privé, 9 % des utilisateurs se plaignent de la mauvaise qualité du service, 8,4 % des augmentations de prix, 16,3 % trouvent des services plus intéressants chez les concurrents (ne s'agit-il pas d'une flagrante illustration de la loi de Moers qui veut que la recherche d'information s'interrompt dès l'instant où il est plus pénible de rechercher cette information que de s'en priver ? Les utilisateurs mécontents trouvent alors chez les concurrents une réponse à leurs attentes). Enfin, 12 % interrompent leur contrat parce que la banque de données utilisée n'est plus disponible. A ce stade de nos connaissances, il serait intéressant de connaître les raisons exactes de l'indisponibilité des services : la cause de leur indisponibilité ne serait-elle pas la faillite ? Ce pourcentage de faillites concorderait avec le pourcentage de faillites dans le secteur avancé par le groupe Qualité des banques de données de l'ADBS[61] .

61 Notice N25 : ADBS ; GFII.- Produits et services d'information électroniques accessibles au public professionnel..., p. 2

• *Une autre enquête fut effectuée en mars 1993 par Quadrature* à la demande de l'Européenne de Données et de l'éditeur A Jour[62] : 148 centres de documentation ont répondu. Le niveau de satisfaction des utilisateurs d'information électronique est plutôt bon. A la seule question ouverte leur demandant de citer les qualités et les avantages les plus appréciés de l'information électronique, les personnes interrogées ont répondu par la rapidité, l'étendue de l'offre et la fiabilité. 79 % des personnes interrogées sont en grande partie ou totalement satisfaites, 20 % partiellement ou pas satisfaits du tout. D'autre part, 20 % des utilisateurs se plaignent d'une inadaptation de l'offre (figures 9 et 10 ci-après).

Figure 9 : Satisfaction à l'égard des sources d'information électroniques utilisées

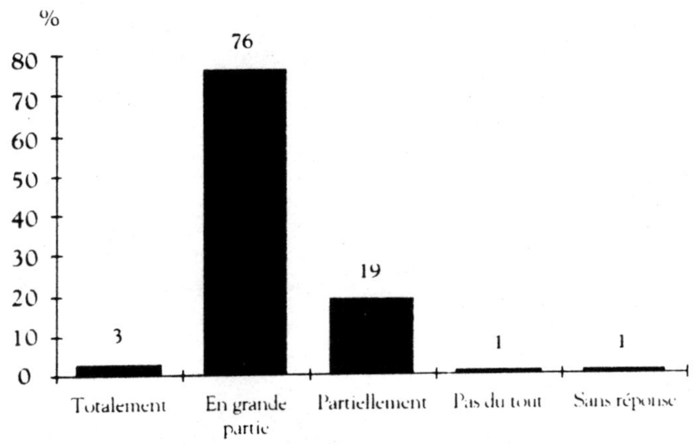

Source : N47 : L'information électronique dans les centres de documentation

62 Notice N47 : L'information électronique dans les centres de documentation...

Figure 10 : Freins à l'utilisation des médias électroniques

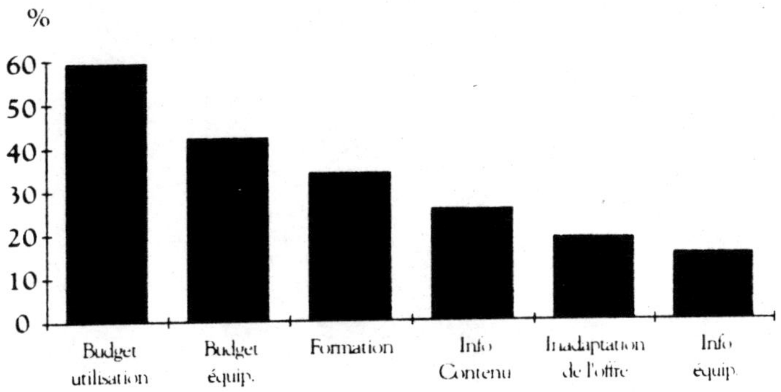

Source : N47 : L'information électronique dans les centres de documentation

Un premier constat peut être établi : il ressort de ces deux enquêtes (IMO et Quadrature) un taux d'insatisfaction global lié à la non-qualité du service proposé par les banques de données d'environ 20 % quel que soit l'utilisateur (documentaliste ou utilisateur final).

Deuxième indicateur : la répartition du personnel par services

«Il est courant de dire que le succès en matière de développement d'un service d'information s'appuie sur la répartition des coûts suivante : connaissance de la demande (20 à 30 %) ; production - personnel et informatique - (30 à 35 %) ; promotion et commercialisation (35 à 50 %)» affirme Eric Sutter[63]. Concernant la répartition du personnel par services, les chiffres fournis par le GFII et l'AFTEL[64] ne confirment guère ces assertions ; une enquête réalisée en 1992 a permis de constater la répartition moyenne suivante chez les producteurs de banques de données : 16 % du personnel dans les services d'administration et de direction, 57 % dans les services de production et d'acquisition, 12 % dans les services techniques, et enfin 8 % dans les services vente-marketing. Le service vente-marketing est le service le moins doté en personnel : ce fait n'est-il pas à lui seul un constat du manque d'importance accordé au marketing, et par voie de conséquence à la démarche qualité chez les producteurs de banques de données ?

---

63 Notice N4 : Eric Sutter.- Services d'information et qualité, p. 76

64 Notice N45 : GFII.- L'information électronique professionnelle en France : enquête sur l'activité et le marché

Les organismes ayant donné suite à notre enquête : un échantillon à l'image du marché français de l'information électronique

Trente-deux organismes au total ont été contactés entre juin et septembre 1994 : quatorze entreprises productrices de banques de données ont donné une suite favorable (taux de réponse : 44 %) en accordant un entretien (11) ou en remplissant le questionnaire envoyé par courrier (3) sur la politique et la démarche qualité[65] (figure 11 ci-dessous).

Figure 11 : Liste des organismes contactés en vue d'enquête

Nom de l'organisme contacté	**Téléphone / Courrier**	**Entretien / Questionnaire**
AFIM (Association Française des Ingénieurs et Responsables de Maintenance)	courrier	Questionnaire
Agence Spatiale Européenne	courrier	-
Assemblée Nationale	courrier	Questionnaire
Banque de France	2 téléphones	Entretien
CEPII (Centre d'Etudes Prospectives et d'Informations Internationales)	courrier	-
Cercle de la librairie	2 téléphones	Entretien
CIIC (Centre d'Information de l'Industrie Cimentière)	2 courriers + téléphone	-
CNIMH (Centre National d'Information sur le Médicament Hospitalier)	2 courriers + téléphone	-
CSTB (Centre Scientifique et Technique du Bâtiment)	2 courriers + téléphone	-
Data-Star	courrier	-
Dialog	courrier	-
La Documentation Française	téléphone	Entretien
Dun & Bradstreet	2 courriers + 6 téléphones	Questionnaire
Les éditions techniques	courrier	Entretien
Européenne de données	2 courriers + 2 téléphones	Pas intéressés
GSI-ECO	courrier	-

65 Un exemplaire de la grille d'entretien se trouve en annexe (Annexe B).

Figure 11 (suite)

Nom de l'organisme contacté	**Téléphone / Courrier**	**Entretien / Questionnaire**
IAURIF (Institut d'Aménagement et d'Urbanisme de la Région Ile-de-France)	téléphone	Entretien
Ibiscus	téléphone	Entretien
ICSSD (International Committee for Social Science Information and Documentation)	courrier	-
Ideal Télématique	courrier	-
INIST (Institut de l'Information Scientifique et Technique)	téléphone	Entretien téléphonique
INPI (Institut National de la Propriété Industrielle)	2 téléphones	Entretien
INRP (Institut National de la Recherche Pédagogique)	courrier	Entretien
Jouve	courrier	-
Laboratoire National d'Essais	courrier	-
Le Monde	3 téléphones	Entretien
OR Télématique	courrier	-
Questel	3 téléphones	Pas le temps
Resagri	courrier + téléphone	Entretien
SDIB (Société de Diffusion d'Informations Boursières)	courrier + téléphone	Pas le temps
Standard International Consulting	courrier	-
L'Usine Nouvelle	courrier + téléphone	-

Comme on le constate, notre enquête s'adressait à la fois aux serveurs et aux producteurs de banques de données : à notre grand regret aucun serveur n'a donné suite aux nombreux courriers et appels téléphoniques (voir figure 11 ci-dessus). Ce refus ne peut être considéré comme un hasard : s'agit-il d'une peur d'être jaugé et soupesé, voire espionné dans un environnement concurrentiel rendu de plus en plus difficile, ou d'indifférence au concept de qualité ? Tout n'est pourtant pas rose du côté des serveurs comme l'atteste l'article évoquant les problèmes rencontrés par Questel avec la société Dun & Bradstreet[66] : les services de Questel ont en effet constaté des écarts importants concernant la distribution des données

66 Notice N49 : *Bases*, n° 87, septembre 1993, p. 7

d'un serveur à un autre. Par ailleurs, les propos recueillis au cours des entretiens menés au cours de notre enquête rendent compte des nombreuses difficultés rencontrées par les producteurs dans leurs relations avec les serveurs (cf. p. 73).

Diversité des domaines couverts par les banques de données

Marie-France Blanquet[67] évoque le profond déséquilibre entre les domaines couverts par les banques de données offertes sur le marché de l'information en 1991 (figure 12 ci-après). L'enquête menée dans le cadre de notre étude présente à peu près la même disparité dans les domaines chez les producteurs interrogés (figures 13 et 14 ci-après) :

---

67 Notice N43 : Marie-France Blanquet.- L'industrie de l'information..., p. 100-104

Figure 12 : les domaines couverts par les banques de données - M.F Blanquet 1991

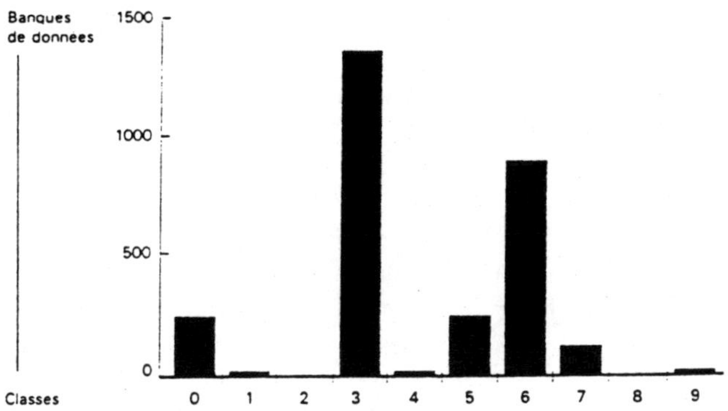

Source : N43 : M.F. Blanquet.- L'industrie de l'information, p. 100

Figure 13 : les domaines couverts par les banques de données - A. Duflos 1994

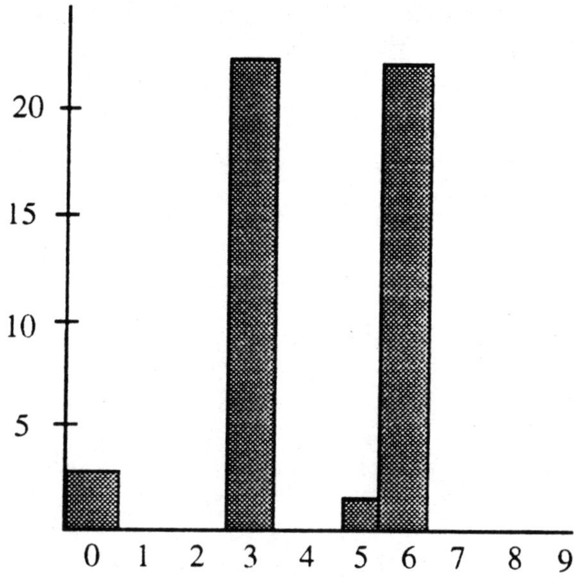

Répartition effectuée d'après le nombre total de banques de données externes ayant fait l'objet de notre enquête.

Classes Dewey (indices réduits au premier chiffre de la classe dans les histogrammes)

000 Généralités

100 Philosophie

200 Religion

300 Sciences sociales

400 Langage

500 Sciences pures

600 Sciences appliquées

700 Arts

800 Littérature

900 Géographie, histoire

Une part représentative de l'ensemble du marché français

L'observation de la figure 14 ci-après nous permet de constater les faits suivants : les 14 producteurs ayant répondu produisent au total 67 banques de données d'importance variable : 45 banques de données externes et 22 banques de données internes, ce qui représente une part suffisamment représentative du marché français qui recouvre au total 150 banques de données classiques en ASCII, 70 titres sur CD-Rom[68] , et enfin 300 banques de données professionnelles en mode vidéotex[69] .

L'ensemble de ces 14 entreprises est à l'image du marché de l'information électronique : le nombre des grandes entreprises est peu important et le niveau de concentration est très important ; en effet, l'ensemble de ces entreprises productrices de banques de données emploie 453 personnes (32 personnes par organisme producteur en moyenne, 7 personnes par banque de données) ; ces chiffres sont tout à fait comparables aux statistiques produites par le GFII et l'AFTEL[70] , annonçant 1 440 employés pour 40 producteurs (en moyenne : 36 personnes par producteur).

---

68 Notice N46 : Les activités des banques de données...

69 Notice N 48 : *Bases*, n° 94, avril 1994, p. 1

70 Notice N45 : GFII.- L'information électronique professionnelle en France : enquête sur l'activité et le marché...

Figure 14 : Répartition des banques de données par secteurs d'activité - Typologie des banques de données - Personnel employé

Organisme	Secteur privé / public / associatif	Nombre de BDD[71]	Type de BDD	Domaines d'activité	Personnel[72]
AFIM	Association loi 1901	1 (1 500 références)	Vidéotex	Sc. de l'ingénieur	3
Assemblée Nationale	Public	4 (92 000 références)	ASCII / Vidéotex	Politique Droit Législation	16
Banque de France	Public	4 BDD internes (350 000 séries chronologiques)	ASCII	Finances Statistiques Economie	7,3
Cercle de la Librairie	Privé	1 (240 000 références par an)	ASCII / Vidéotex / CD-Rom	Catalogue de livres	20
La Documentation Française	Public	5 (380 000 références)	ASCII / Vidéotex / CD-Rom	Politique Economie Administration	32
Dun & Bradstreet	Privé	1 (4 500 000 références)	ASCII / Vidéotex / CD-Rom	Informations sur les entreprises	150
Les éditions techniques	Privé	4 BDD (450 000 références)	ASCII / Vidéotex / CD-Rom	Droit	12 (+ 160 à 170 dans les 23 ateliers régionaux)
IAURIF	Association Loi 1901	1 (190 000 références) + 1 BDD interne + participation à d'autres BDD	ASCII / Vidéotex / CD-Rom	Urbanisme Aménagement Environnement	2 (+ réseau : 25 à 30 organismes)
Ibiscus	Association Loi 1901	1 BDD composée de 4 fichiers (110 000 références)	ASCII / Vidéotex	Coopération internationale Economie	10 / 15 (+ réseau : environ 30 centres de documentation)

71 BDD : Banque de données

72 Les chiffres avancés sont approximatifs ; il est en effet difficile pour certains producteurs d'effectuer une telle évaluation, notamment lorsqu'il s'agit d'un réseau.

Figure 14 (suite)

Organisme	Secteur privé / public / associatif	Nombre de BDD	Type de BDD	Domaines d'activité	Personnel
INIST	Public	2 (11 500 000 références)	ASCII / CD-Rom	Information scientifique et technique	150
INPI	Public	17 (plus de 25 000 000 de références)	ASCII / Vidéotex / CD-Rom	Brevets Marques Informations sur les entreprises	20
INRP	Public	3 BDD externes (27 000 références) + 17 BDD internes	Vidéotex (BDD externes) / ASCII	Education	15
Le Monde	Privé	1 (350 000 références)	ASCII / Vidéotex / CD-Rom	Actualités	9
Resagri	Association Loi 1901	4 (320 000 références + 15 à 20 000 par an)	ASCII / Vidéotex	Agriculture Economie Droit Environnement Gestion de l'entreprise	4 (+ réseau : 120 personnes)

Malgré la grande absence des serveurs, les 14 producteurs ayant répondu favorablement à notre enquête représentent donc dans leur diversité un échantillon cohérent du marché français de l'information électronique, autorisant ainsi une analyse qualitative des réponses de chacun d'entre eux.

Résultats et analyse de l'enquête

Chaque entretien[73] fait l'objet de 33 questions au total :

- 7 questions sont d'ordre général et concernent la description physique de la (des) banque(s) de données (ces questions ont permis d'élaborer la figure 14 ci-avant) ;
- 21 questions portent sur la politique et la démarche qualité de l'entreprise concernée ;
- enfin, 5 questions visent à appréhender le problème des normes et de la certification, dont les résultats sont intégrés dans la troisième partie de cette étude intitulée «Assurance qualité et labels de qualité».

La relation entre la qualité et le degré de responsabilité du personnel interrogé

A quelques rares exceptions près, il est intéressant de souligner l'importance stratégique accordée à la notion de qualité. Pour chaque organisme, les personnes ayant répondu à cette enquête ont des postes à responsabilité (cf. figure 15 ci-après) : la politique qualité est donc une affaire de responsables d'entreprise ; cette première constatation nous permet d'entrer dans le vif du sujet...

73 La grille ayant servi à mener les enquêtes dont les résultats suivent est annexée à cette étude (annexe B : grille d'entretiens)

Figure 15 : Fonctions des personnes interrogées

Directeur Général **Responsable** de la commission formation-emploi **Chef** de la division des relations avec le public (service communication) **Responsable de la qualité**, dépendant directement de la Direction Générale **Responsable de la production et de la qualité** des banques de données	**Responsable** du centre de documentation **Chef du service** **Sous-chef de la documentation**, responsable de l'harmonisation de la banque de données et de l'indexation **Adjoint au chef de service** **Responsable du service** banques de données (département ressources et communication) **Responsable** de la banque de données **Responsable** du service questions / réponses **Documentaliste**, chargé de la gestion de la BDD **Documentaliste**

La définition du concept de qualité

La première question posée lors des entretiens est celle de la définition de la qualité. Une telle question permet de situer l'interlocuteur, et par voie de conséquence l'ensemble du service, dans une perspective historique et théorique globale.

Deux grands types de réponses sont évoquées par les producteurs.

- *Les réponses dans lesquelles le terme «utilisateur» (ou «client») n'est pas mentionné* (5 réponses) : pour certains, qualité et taux de pertinence sont synonymes, alors que d'autres parlent en priorité de fraîcheur des données, de fiabilité, de rapidité, de précision, de pertinence et de qualité du texte. Enfin on évoque le respect des normes des données informatisées et la valeur ajoutée dans le choix et dans l'indexation ou l'indexation contrôlée.

• *Les réponses dans lesquelles la satisfaction de l'utilisateur est au premier plan* sont beaucoup plus nombreuses (9 réponses). Les termes de «client» ou d'«utilisateur», voire de «service» sont alors indifféremment employés : beaucoup citent l'adaptation de l'offre à la demande et les concepts de qualité diffèrent énormément d'un producteur à l'autre. Sans entrer dans les détails des entretiens, si l'un des producteurs déclare ne pas appliquer de démarche qualité «orthodoxe» en essayant de satisfaire les besoins de ses utilisateurs («c'est la loi du marché, il faut qu'un service corresponde aux besoins, s'il ne correspond pas, c'est la sanction immédiate à savoir le rejet ; cette attitude est normale chez tous les producteurs et n'a rien à voir avec une démarche qualité»), un autre producteur qui a entamé une démarche qualité en avril 1993 donne la définition suivante, utilisant le jargon des qualiticiens : «Il s'agit d'arriver à une maîtrise des *processus* de travail, tout en maîtrisant au mieux les besoins des clients. Il s'agit également de formaliser : ne pas avoir de *référentiel* est très pénalisant. Il faut aussi mettre en place une méthode de *capitalisation du savoir-faire* et *formaliser au maximum les procédures*».

Même si seulement quatre producteurs déclarent ne pas pratiquer une politique qualité et si les dix autres estiment être engagés dans une telle démarche, les définitions données au cours des entretiens permettent de distinguer trois types de producteurs :

- 9 producteurs pratiquent un contrôle minimum de la qualité des données mais ne s'inscrivent pas dans une démarche qualité totale appliquée à l'ensemble du service. Ces mêmes producteurs sont très souvent sous-informés en matière de qualité ;
- 2 producteurs pratiquent plus que le contrôle qualité et raisonnent en termes de service. L'un d'entre eux est à la veille d'entamer une démarche de qualité totale ;
- 3 producteurs déclarent avoir entamé une démarche de qualité totale et semblent pratiquer le management de la qualité.

Ces résultats sont assez comparables aux résultats du sondage effectué par Carl Gustav Johanssen[74] dans la salle au cours du congrès «Qualität von Informationdiensten» (Garmisch-Partenkirchen, mai 1993) : sur cent participants, seulement trois ont mis en place une procédure de management de la qualité totale, alors que les trois quarts pratiquent le contrôle qualité.

Pour dix producteurs, l'instigateur de la démarche qualité - existant ou supposé pour ceux qui déclarent ne pas pratiquer de démarche qualité - doit être une instance supérieure : direction générale, conseil d'administration ou ministère de tutelle. Cette réponse est significative de l'importance stratégique accordée à la démarche.

Ce début d'enquête permet de mettre en évidence les éléments suivants :

- **la démarche qualité et la politique qualité sont d'une importance primordiale ;**
- **les définitions du concept de qualité varient beaucoup d'un organisme à un autre ;**
- **la qualité relève plutôt du contrôle et n'est que rarement considérée comme un outil de marketing ;**
- **aucun producteur n'a évoqué le concept de qualité totale.**

74 Notice N60 : Carl Gustav Johanssen.- Umsetzung von TQM bei Informationsdiensten...

Les procédures de qualité

Les procédures de qualité telles qu'elles sont pratiquées au quotidien, ainsi que les outils utilisés permettent de situer chaque organisme dans l'ensemble d'un processus de qualité.

- *Pratiques quotidiennes de qualité*

Celles-ci se résument en une série de pratiques - manuelles ou automatiques - de contrôle de la qualité des données. Les quatorze organismes connaissent de telles pratiques : relecture et contrôles de saisie et d'indexation, corrections apportées suite aux remarques des utilisateurs, vérification des oublis, des incohérences, des doublons, de la complétude des informations. La relecture est le travail le plus fréquemment évoqué (huit organismes) car «il n'existe pas d'outil informatique pour éviter la relecture». Certains, dans un souci d'assurance qualité, accordent une grande importance à la mise en place d'outils permettant de faire bien du premier coup. Un seul organisme pratique des tests comparables à ceux décrits dans la première partie de cette étude (p. 38) : Resagri effectue de manière ponctuelle, à la demande de ses utilisateurs, des tests de vérification des écarts de réponses par rapport aux banques de données portant sur les mêmes domaines (figure 16 ci-après). Ces tests sont publiés dans «*Marguerite*», bulletin mensuel de liaison du réseau.

L'ensemble des contrôles effectués occupe un nombre variable de personnes : de la moitié aux deux tiers de l'effectif. Le temps consacré aux travaux de contrôle est difficile à estimer pour la majorité des producteurs (une demi-heure à 1 heure 30 par jour pour ceux qui sont à même d'estimer ce temps). Il est à remarquer qu'un seul producteur n'a pas désiré communiquer ses pratiques quotidiennes de contrôle qualité, invoquant les dangers de la concurrence.

Figure 16 : RESAGRI et trois autres banques de données,
à partir de la bibliographie d'un auteur

on distingue pour chaque année de publication,
les documents édités en France (**F**) ou à l'étranger (**E**).

DATE	PUBINRA		AGRIS		AGRICOLA		RESAGRI
	F	E	F	E	F	E	
1968	2						
1969	2				3		
1970	4				2		
1971	5				3		
1972	7				7		
1973	8				5		
1974	6			3	7		
1975	16		4	14	11	5	
1976			1	3	3		2
1977			9	2	11		3
1978			16		1	1	13
1979	1		14	7	2	4	13
1980		1	4		2		4
1981	3	2	14		7		9
1982	7	2	10	1	2	1	12
1983		1	3	2		1	7
1984	4		5	6	2		7
1985			2		1		3
1986	2	2	4		1	1	2
1987	9		11				9
1988	2	1					1
1989	12		4				4
1990	14		8	1			8
1991				2			2
1992			3	1			4
1993	1						
TOTAL	105	9	112	42	70	13	103

Nous pouvons constater que les bases RESAGRI sont alimentées en même quantité que les autres bases.

Chiffres comparatifs des publications françaises depuis 1978 entre les quatre bases interrogées :

AGRICOLA :	13
AGRIS :	98
PUBINRA :	55
RESAGRI :	98

Source : «Marguerite», janvier 1994

- *Les outils de la qualité*

– *Les cercles de qualité* : douze organismes interrogés déclarent ne pas posséder de cercles de qualité même s'ils ont existé pour certains dans le passé et si d'autres organisent des réunions hebdomadaires de service pour améliorer la qualité des banques de données. Deux producteurs ont des cercles de qualité bien que la définition donnée ne corresponde pas toujours exactement à ce que l'on entend par «cercle de qualité». L'un des producteurs interrogés va prochainement en mettre en place, organisés comme des «clubs d'utilisateurs internes animés par chaque chef de produit».

Afin d'éclaircir les idées, il convient de donner la définition de cet outil de management : les cercles de qualité sont des petits groupes d'employés volontaires qui mènent des actions communes de maîtrise de la qualité et se réunissent régulièrement pour identifier, analyser et résoudre les problèmes. Ils ont également pour mission d'aider chacun à trouver une plus grande satisfaction dans son travail et à développer ses capacités professionnelles. Ils n'ont aucun pouvoir de décision et supposent l'existence d'un véritable management participatif ainsi que d'un système qualité solide[75].

Dans l'ensemble, et les réponses à la question posée concernant les cercles de qualité le confirment, on ne peut que constater chez nos producteurs l'absence de management participatif et de système qualité solidement mis en place.

– Les *grilles d'auto-évaluation* : un seul organisme connaît cet outil. L'un des producteurs utilise des grilles d'évaluation de la qualité du travail de chacun remplies par chaque chef de service une fois par an, un autre est

75 Notices N2 : Lucien Cruchant.- La qualité..., p.111, et N3 : Jean-Marie Gogue.- Management de la qualité..., p. 61

en train d'élaborer des «grilles de production» destinées à suivre la production de chacun.

– Les *tableaux de bord et indicateurs de qualité* sont des outils de mesure de la qualité : ils servent à obtenir des chiffres qui expriment le degré de conformité aux objectifs fixés. Une multitude d'indicateurs peuvent être mis en place chez les producteurs de banques de données ; ces indicateurs sont une affaire d'imagination et dépendent des spécificités de chaque service. Les tableaux de bord se présentent en deux volets : d'une part, le tableau de bord qualité physique avec ses indicateurs sur la qualité et la non-qualité obtenue (celui-ci fait apparaître une certaine évolution) ; d'autre part, le tableau de bord qualité financier qui récapitule les coûts relatifs à la qualité et les coûts de la non-qualité[76].

Onze organismes déclarent n'élaborer aucun tableau de bord et ne connaissent au mieux (pour trois d'entre eux) que des indicateurs statistiques de quantité. Une entreprise élabore des tableaux de bord régulièrement, alors qu'une autre a introduit cet outil en janvier 1994 (le premier tableau de bord est actuellement en période de rodage et d'étude approfondie par la direction générale). Une société est en train de concevoir son premier tableau de bord. Dans le cadre de la comptabilité analytique, Ibiscus a établi une grille de temps de travail remise à chaque employé permettant une présentation détaillée des activités, prémices à un véritable tableau de bord (cf. figure 17 ci-après). Dans le cadre du management participatif, un producteur connaît des indicateurs de gestion avec mesure de l'audience extérieure. Ces indicateurs servent à mesurer l'intéressement du personnel : il s'agit d'indicateurs trimestriels de qualité, de quantité et de régularité, d'audience et d'innovation. Ces indicateurs sont soumis régulièrement à une commission des intéressements : comme Eric Sutter le souligne, on peut se demander s'il n'existe pas une

76 Notices N2 : Lucien Cruchant.- La qualité..., p. 72, N3 : Jean-Marie Gogue.- Management de la qualité..., p. 52-53, N4 : Eric Sutter.- Services d'information et qualité..., p. 100-105

«contradiction entre productivité, rémunération au mérite et qualité. La coexistence d'objectifs de qualité et d'objectifs d'efficacité est possible si les démarches sont coordonnées»[77]. Ce qui n'est pas le cas pour ce producteur...

77 Notice N4 : Eric Sutter.- Services d'information et qualité..., p. 128

Figure 17 : Modèle de grille de temps de travail - 1994 - IBISCUS

	A	B	C	D	E
1					
2			NCM		NOMBRE DE JOURS TOTAL
3					
4					NOMBRE DE REPAS CANTINE
5			MCIS		
6					NOMBRE DE REPAS RESTAURANT
7					
8				NOMBRE DE	COMMENTAIRE
9			Nb de JOURS	JOURS	
10					
11			ACTIVITES DE DIFFUSION DES INFORMATIONS		
12	P		Accès reseau		
13	P		Serveur		
14	P		Service Questions Reponses		
15	P		Ventes Ouvrages		
16	X		XXX		
17					
18			ACTIVITES AU PROFIT DES P E D		
19	S		Secrétariat		
20	S		Extraction donnees		
21	C		Chemdata		
22	C		Diffusion ouvrages		
23	C		Programmation		
24	P		Stage		
25	C		Stage Réseau		
26	S		Coordination		
27	C		CAMEROUN		
28	C		MALI		
29	X		NIGER		
30	X		MADAGASCAR		
31	X		ENDA Dakar		
32	X		GUINEE		
33	X		Builenn Réseau		
34	X		CDS/ISIS		
35					
36			PRESTATIONS AUPRES DES ASSOCIES		
37	S		Formation conseil		
38	S		Programmation		
39	S		Secretariat		
40	S		Diffusion		
41	P		Formation IBISCUS		
42	S		Coordination		
43	S		CFD		
44	S		RITIMO		
45	S		IIAP		
46	S		BCEOM		
47	S		Ville en développement		
48	S		ORSTOM		
49	S		AIPLF		
50	S		BDPA		
51	S		CEPED		
52	S		CIRAD		
53	S		CIE		
54	S		GRET		

Source : Ibiscus

Figure 17 (suite)

	A	B	C	D	E
55					
56	S		PRESTATIONS COOPERATION		
57	S		Analyse indexation		
58	S		SCR		
59	S		Secretanat/Gestion		
60	S		Vie du Centre		
61	C		Archivage (DEV/RUR)		
62	X		DSI Pays		
63	X		OFPA		
64					
65			DEVELOPPEMENT DE FICHIERS COLLECTIFS		
66	P		Fichier Postes		
67	C		Notes de synthèse		
68	C		Projets Vigie MAE		
69	C		Projets ONG		
70	C		Projets FAC		
71	S		Fichier Bibliographique		
72	S		Fichier Organismes		
73	C		Monographies ACIFE		
74	X		Projets regions		
75					
76			ACTIVITES D'EDITIONS DES INFORMATIONS		
77	C		CDROM		
78	C		Guide Information		
79	C		Guinee		
80	C		Rwanda		
81	C		IBISDCC		
82	C		DSI Pays (ACIFE)		
83	C		Energie		
84	C		Mékong		
85	C		Manuel doc		
86	X		Nonas infos		
87					
88			COHERENCE OFFRE FR. AU PROFIT DES PED		
89	S		Coordination		
90	X		Francophonie		
91					
92			INFORMATION, PROMOTION		
93	S		Diffusion Externe		
94	S		Promotion		
95	X		Exposition		
96					
97			DEVELOPPEMENT D'OUTILS COLLECTIFS		
98	S		Lexique Organismes		
99	S		Lexique Périodiques		
100	S		Thesaurus Géographique		
101	S		Thesaurus thematique		
102	S		AA		
103	S				
104	S		Evolution informatique		
105					
106			FRAIS GENERAUX		
107	F		Comptabilité		
108	F		Direction		
109	F		Formations		
110	F		Gestion		
111	F		Personnel		
112	F		Réunions Internes		
113	F		Secretariat		
114	F		Maintenance bureautique		

– Le *manuel qualité* est le document descriptif du système qualité, faisant office de directive permanente pour le personnel de l'entreprise à tous les niveaux hiérarchiques. Œuvre collective, il est mis à jour en fonction des évolutions du système qualité et c'est un outil de justification de ce que l'entreprise fait pour obtenir et assurer la qualité de ses produits[78]. Le manuel qualité «constitue une preuve que l'organisme a franchi un premier cap dans la mise en place d'une politique qualité»[79].

Si l'une des personnes interrogées déclare que le manuel qualité est en cours d'élaboration et que celui-ci devrait voir le jour d'ici six mois à un an, et si un autre producteur évoque une charte et des consignes de qualité sous la forme d'un code de déontologie émanant de la direction aux Etats-Unis, l'ensemble des producteurs interrogés n'a à ce jour pas produit de manuel qualité. Il est à noter la confusion générale dans la définition du manuel qualité confondu fréquemment avec le manuel d'indexation ou le manuel descriptif formalisant les tâches répétitives ! Pour conclure, l'un des responsables interrogés précise qu'un tel manuel est impossible à élaborer en l'état actuel car «la qualité doit impliquer une majorité du personnel, ainsi que les sous-traitants et les fournisseurs ; de plus, il n'existe pas de sensibilité générale, pas d'impulsion venant de la direction».

78 Notices N2 : Lucien Cruchant.- La qualité..., p. 72, et N3 : Jean-Marie Gogue.- Management de la qualité..., p. 52

79 Notice N4 : Eric Sutter.- Services d'information et qualité..., p.112

Figure 18 : Tableau récapitulatif des différents outils utilisés

Cercles de qualité	Grilles d'auto-évaluation	Tableau de bord	Manuel qualité
-	-	-	-
-	-	-	-
-	-	-	-
-	-	-	-
-	-	-	-
-	-	-	-
-	-	-	-
-	-	-	-
-	-	Grille de temps de travail	-
-	Grilles d'évaluation de la qualité du travail de chacun remplies par chaque chef de service une fois par an	-	-
-	Grilles de production	En cours de réalisation	-
Réunions hebdomadaires pour améliorer la qualité des BDD	-	Indicateurs de gestion servant à calculer l'intéressement du personnel	-
A venir : mise en place de clubs d'utilisateurs internes	-	Oui depuis janvier 1994	A venir
OUI	OUI	OUI	Code de déontologie : charte et consignes de qualité

Les différents outils de la démarche qualité évoqués dans le questionnaire nous permettent d'émettre les observations suivantes :

- comme pour le concept de qualité, une grande confusion règne lorsqu'il s'agit de définir les outils de qualité utilisés ;

- seulement trois producteurs ont mis en place une démarche qualité totale. Ces trois producteurs n'en sont d'ailleurs qu'à des phases de prise de conscience et de lancement de la démarche et ne peuvent donc encore faire de véritable bilan de la qualité sur l'ensemble de l'entreprise, même si les aspects positifs sont reconnus au niveau humain et au niveau commercial.

Ces remarques permettent ainsi de confirmer les observations faites à l'occasion de la définition du concept de qualité (cf. p. 56-58).

Les coûts de la qualité et de la non-qualité

Pour les qualiticiens, il existe trois sortes de coûts : les coûts des anomalies (c'est-à-dire de la non-qualité), les coûts de détection des anomalies (coûts de contrôle évoqués par l'une des personnes interrogées), et enfin les coûts de prévention des anomalies (tout ce que l'on peut faire pour faire bien du premier coup). Si les coûts directs sont d'une évaluation facile, les coûts indirects sont plus difficiles à saisir. Le coût de la non-qualité représente l'ensemble des dépenses inutiles provoquées par les défaillances des produits et des services. Cette «usine cachée» génère une perte qu'il faut s'attacher à réduire : réduire les coûts de non-qualité revient donc à réduire la non-qualité elle-même. Ces coûts sont résumés dans un tableau de bord qualité financier (cf. p. 61-67, concernant les outils de la qualité). Les qualiticiens s'accordent pour avancer que les gains générés par la recherche de la qualité sont nettement supérieurs aux dépenses engagées[80]. Qu'en est-il chez les producteurs français ?

80 Notices N2 : Lucien Cruchant.- La qualité..., p. 73-75, et N3 : Jean-Marie Gogue.- Management de la qualité..., p. 55

- *Coûts de la qualité* : la majorité des producteurs ne connaît guère les coûts de la qualité pour leur service bien que quatre d'entre eux aient intégré les principes de la comptabilité analytique (ces principes de comptabilité semblent vouloir se généraliser plutôt dans le secteur privé que dans le secteur public) ; pour un responsable interrogé, la qualité, qui n'est en réalité qu'un contrôle qualité, vaut un tiers de la valeur du document chargé (1 document chargé coûte entre 200 et 220 F). Cette estimation comprend les coûts de personnel ainsi que les coûts des instruments de mise en place. Un autre estime le temps passé à la qualité par l'ensemble du personnel à 5 à 10 % du temps de travail total. Un dernier considère que la qualité ne coûte rien par principe, car c'est une démarche intégrée aux méthodes de travail. Certains désireraient connaître ces coûts. Les réponses sont assez décevantes dans l'ensemble et reflètent une méconnaissance quasi totale de ces charges et de leur typologie.

- En ce qui concerne les *coûts de la non-qualité*, les réponses sont quasi-unanimes, reflétant une ignorance totale des ces coûts. Pour l'un des producteurs ils se matérialisent par une «perte du chiffre d'affaires», mais aucune précision n'a a été apportée - volontairement - par la direction générale. Un autre signale que rien n'est chiffré : il existe seulement des indicateurs de non-fréquentation par des clients potentiels des banques de données ; il s'agit du pourcentage de clients utilisant la base, par rapport au total d'utilisateurs potentiels inscrits sur des listes professionnelles. On peut se demander si ce chiffre isolé peut être considéré comme significatif : c'est un coût indirect avec perte de clientèle potentielle, or il existe bien d'autres types de coûts liés à la non-qualité...

La nature des coûts de qualité et de non-qualité, ainsi que la maîtrise de ces mêmes coûts semblent très éloignées des préoccupations prioritaires des producteurs français, qui ignorent notamment l'utilisation du tableau de bord financier en tant qu'outil de management.

Bien qu'aucune étude systématique dans le domaine de l'information n'ait été entreprise sur le sujet à ce jour, des chiffres sont avancés, témoins de l'énorme gaspillage provoqué par la non-qualité. Jean-Marie Gogue[81] chiffre l'«usine cachée» à 30 % du volume de l'usine réelle. Eric Sutter[82] évoque 40 % du chiffre d'affaires dans les activités tertiaires. Josef Herget[83], professeur à l'université de Constance, cite deux chiffres concernant les coûts de la qualité : 20 % du chiffre d'affaires pour entreprise de 50 personnes (Infomat), 41 % du chiffre d'affaires pour une entreprise de 12 personnes. Si l'on retient un pourcentage moyen (30 %) et qu'on l'applique au chiffre d'affaires global des sociétés françaises productrices de banques de données[84], cela nous amènerait à un coût de la non-qualité de 90 millions de francs rien que pour l'année 1992 !

---

81 Notice N3 : Jean-Marie Gogue.- Management de la qualité...

82 Notice N4 : Eric Sutter.- Services d'information et qualité..., p. 106-109

83 Notice N67 : Josef Herget.- Cost of (non)-quality : why it matters for information providers...

84 Notice N46 : Les activités des banques de données...

Les producteurs de banques de données et leur environnement

«Il y a le monde, il y a les autres (concurrents, clients, fournisseurs), il y a nous»[85]. Ainsi concluait Catherine Thiolon, responsable du service documentation et des banques de données à la Documentation Française, lors de sa communication (IDT 1994) concernant une enquête effectuée sur les besoins des clients de la banque de données Logos. Observons maintenant l'attitude des producteurs français vis-à-vis de leur environnement : les «autres» sont-ils intégrés au processus de qualité ?

- *Relations avec les utilisateurs et connaissance de leurs besoins* : en règle générale le réflexe client existe même si la majorité des entreprises interrogées en sont encore au stade de «l'entreprise technicienne» et du contrôle qualité. Tous ont conscience que leur survie dépend de la clientèle dont on essaie par des moyens nombreux - malheureusement non formalisés[86] - et différents de connaître et d'identifier les besoins. Les outils pour parvenir à identifier la connaissance des besoins se répartissent comme suit.

  – Clubs d'utilisateurs : 9 %. Ces clubs d'utilisateurs sont organisés par le biais des serveurs pour certains.

  – Enquêtes : 20 %. Les enquêtes - de nature variable - s'effectuent selon des fréquences irrégulières (de une par an à une tous les dix ans). Elles sont souvent ponctuelles et liées à des créations de produits.

  – Manifestations (salons professionnels, séminaires, réunions, rencontres) : 40 %. La manifestation la plus courante est la «réunion» dont la fréquence varie de douze par an à une tous les deux ans.

  – Autres (messagerie Minitel, téléphone, service questions-réponses, journées de formation) : 31 %. Le téléphone est un outil très utilisé pour une meilleure connaissance des utilisateurs au quotidien. Si le contact avec le client n'est pas direct, le dialogue s'établit par l'intermédiaire du

---

85 Notice N23 : Catherine Thiolon.- Un duo "quali/quanti" : exemple concret d'enquêtes sur les pratiques et les attentes des clients d'une banque de données...

86 Notice N23 : Catherine Thiolon.- Un duo "quali/quanti" : exemple concret d'enquêtes sur les pratiques et attentes des clients d'une banque de données...

service clientèle. Lorsque l'intermédiaire est un serveur, les relations sont parfois difficiles, parasitant la relation client-utilisateur/producteur.

Si l'on tenait compte du nombre d'outils utilisés par chaque producteur pour prendre connaissance des besoins de ses utilisateurs comme critère d'évaluation, la répartition des outils par producteurs serait la suivante :

- 1 producteur utilise 5 outils ;
- 2 producteurs utilisent 4 outils ;
- 4 producteurs utilisent 3 outils ;
- 4 producteurs utilisent 2 outils ;
- 3 producteurs utilisent 1 outil.

Si la connaissance des utilisateurs est primordiale pour certains, celle-ci ne semble pas être la priorité des producteurs ayant mis en place une démarche qualité sauf pour l'un des producteurs qui a entamé une phase de réflexion pour élaborer un système de partenariat avec sa clientèle et créer un club d'utilisateurs.

La connaissance des besoins des utilisateurs semble complètement dissociée d'une démarche qualité.

- *Relations avec les fournisseurs et les sous-traitants*

De la qualité des prestations fournies par les fournisseurs quels qu'ils soient (fournisseurs de matériel informatique, de logiciels, de papier et de crayons...) et par les sous-traitants (serveurs, indexeurs, analystes...) dépend la qualité du service fourni au client. Nous nous sommes donc interrogés sur la nature des contrats qui liaient nos producteurs à leurs différents fournisseurs et sous-traitants et sur l'existence d'une véritable chaîne de qualité liant les uns aux autres...

Parmi les organismes interrogés, seul l'INIST a pris l'initiative de faire signer un contrat de qualité par un premier sous-traitant accomplissant des opérations de catalogage, de saisie et d'indexation (premier contrat signé en août 1994) : dans ce cadre, des procédures précises ont été formalisées par écrit. En cas de non-respect du contrat, des pénalités seront appliquées. D'autres contrats similaires devraient être signés prochainement avec l'ensemble des fournisseurs et des sous-traitants.

Les autres producteurs évoquent des cahiers des charges détaillés en ce qui concerne le matériel informatique et la fourniture de logiciels, mentionnant parfois un chapitre qualité joint au cahier des charges. Avec les serveurs, les contrats sont «standard» et fournissent une qualité «minimum» qui ne semble pas donner entière satisfaction, sauf pour deux producteurs qui possèdent un contrat spécifique. Les problèmes de contrats sont exacerbés en cas de fonctionnement en réseau : des chartes internes sont alors rédigées même si aucun contrôle n'est exercé faute de temps.

- *Les producteurs et la concurrence*

Dans l'entreprise relationnelle écoutant la «voix du client», une relation personnalisée se tisse avec chaque client : c'est le royaume du sur mesure et de la personnalisation du service rendu, le «service plus» appelé également «service associé» (supplément au service standard) qui fait la différence avec les concurrents. Les banques de données évoluent pour la plupart dans un environnement fortement concurrentiel et plus que jamais c'est la différence qui fait vendre. Ce concept de «service plus», qui est plus un concept de marketing

qu'un outil de qualité, se trouve à des années-lumière des préoccupations de ceux qui ne maîtrisent leur processus de production et ne gèrent le quotidien qu'avec beaucoup de difficultés. La recherche de ce type de service est le propre des entreprises dynamiques qui gèrent leur société dans une optique marketing.

L'enquête effectuée par le GFII et l'AFTEL en 1992[87] a abouti aux résultats suivants concernant les services associés : 70 % des producteurs offrent une assistance technique, 76 % d'entre eux proposent des services organisés de réponses aux demandes sur l'utilisation de leurs propres produits, 62 % organisent une formation à leurs fichiers. 67,5 % des producteurs ont un rôle de conseil auprès de leurs utilisateurs (38 % conseillent gratuitement, tandis que 62 % font payer leurs services) et enfin 56 % proposent la fourniture de documents primaires. Qu'en est-il de notre enquête (figure 19 ci-dessous) ?

Figure 19 : Les services associés

Service proposé	**GFII 1992**	**Duflos 1994**
Assistai ce technique	70 %	50 %
Formation	62 %	36 %
Fourniture de documents primaires	56 %	50 %
Questions réponses	76 %	57 %

Sauf pour la fourniture de documents primaires, les chiffres calculés d'après nos résultats d'enquêtes sont sensiblement différents. Malheureusement, nous ne pouvons y apporter aucune explication. Par contre, si nous observons le tableau récapitulatif des services plus (figure 20 ci-après), nous constatons, comme nous l'avions constaté en pages 71 et 72 à propos de la connaissance des utilisateurs, une absence de lien entre la politique qualité et l'existence de

87 Notice N45 : GFII.- L'information électronique professionnelle en France...

services associés ; en effet, deux producteurs développent ces services, alors qu'un autre, dans un environnement moins concurrentiel certes, ne semble pas y attacher d'importance. De plus, il n'existe pas forcément de lien entre un environnement concurrentiel et le nombre de services proposés : l'un des producteurs, qui déclare ne pas avoir de concurrents, présente de nombreux services différents.

Figure 20 - Récapitulatif des «services plus» proposés (tableau élaboré d'après les entretiens et les plaquettes commerciales remises par chaque producteur)

Questions / réponses	Profils	Assistance téléphonique	Formation	Autres
-	-	-	-	Messagerie (50 messages/an)
-	-	-	-	Messagerie
-	-	OUI (officieux)	-	-
-	-	OUI	-	-
OUI	-	-	-	-
-	-	-	-	Fourniture de documents primaires
OUI	-	-	-	Fourniture de documents primaires
-	OUI	OUI	-	Echanges avec d'autres organismes
OUI	-	OUI	OUI	Edition
OUI	OUI	-	-	Editions en différé Recherche bibliographique
OUI	OUI sur commande ou par abonnement	OUI	OUI	Photocopies d'articles
OUI	OUI	OUI	OUI	Service copies de documents
OUI	OUI	OUI (N° vert)	OUI	Service clients
OUI (par l'intermédiaire du serveur. Pas de permanence régulière et organisée sur place)	-	-	OUI	Brochures d'aide Service rapide pour les abonnés (48 heures. Paiement par carte bleue) Fourniture de copies de documents Surveillance d'entreprises

Actuellement, il est difficile de faire un rapprochement entre la politique qualité des producteurs interrogés et les relations avec leur environnement. Si le client est au centre des préoccupations, rien n'est formalisé. Si le lien existe pour la plupart entre service personnalisé et compétitivité sur le marché de l'information électronique, l'enjeu de cette compétitivité ne semble pas passer par une stratégie de qualité totale. Il faudrait sans doute mener une autre enquête plus poussée sur certains aspects des services proposés par les producteurs de banques de données pour pouvoir effectuer des corrélations avec la démarche qualité dans son ensemble.

A ce stade de notre étude, si nous désirons que la qualité devienne un objectif prioritaire chez les producteurs de banques de données, nous inclinons à penser qu'il s'avère primordial pour les organismes se préoccupant de qualité (cf. tableau des organismes les plus connus de nos producteurs ci-après) de mettre en place une politique d'information et de communication massive destinée aux producteurs d'information électronique, afin de propulser ces derniers de l'âge du contrôle qualité à l'âge de la qualité totale des produits *et* services, du benchmarking et du marketing.

Pour ce faire, les outils et véhicules d'une telle politique pourraient être les journaux professionnels les plus connus des producteurs (cf. tableau ci-après) et/ou les séminaires et congrès professionnels.

Les organismes les plus connus par les producteurs de banques de données :
(d'après les résultats de notre enquête)

AFNOR	13
ADBS	10
CCE - DGXIII/E	10
GFII	9
GESTE	8
AFAQ	7

Les revues les plus connues par les producteurs de banques de données[88] *:*

Bases	10
Documentaliste-Sciences de l'information	5
Enjeux	5

88 Les revues les plus connues de nos producteurs ne correspondent pas aux périodiques dans lesquels il est question de qualité : cf. index des revues annexé à la bibliographie

Une autre démarche pourrait être également envisagée par les producteurs cette fois, passant par la nécessité de communiquer leur savoir-faire et leurs résultats pour ceux qui ont entamé une démarche qualité totale (cf. communications des sociétés Infomat et Mind, p. 23-27) : une meilleure connaissance doublée d'une reconnaissance par leurs pairs pourrait avoir des effets d'entraînement dans le monde des banques de données et balayerait ainsi le scepticisme ambiant. Dès que ces sociétés pourront dresser un premier bilan de leurs actions, validé par des audits, il serait souhaitable qu'elles puissent communiquer leur expérience aux autres producteurs en participant à des congrès professionnels, en écrivant des articles dans des revues spécialisées. Communiquer et informer les autres professionnels est devenu une nécessité si l'ensemble de la profession désire proposer des services de qualité à des utilisateurs devenus de plus en plus exigeants. Même si certaines entreprises du secteur privé semblent réticentes à divulguer leurs recettes de qualité, celles-ci peuvent aider les professionnels de l'information à prendre conscience des enjeux stratégiques de la qualité et de la nécessité d'entamer les démarches pour vivre mieux.

Troisième partie

Assurance qualité et labels de qualité

Assurer la qualité de ses prestations signifie être capable d'obtenir un résultat conforme aux attentes des clients, de façon constante. Ainsi, l'assurance qualité est «l'ensemble des actions pré-établies et systématiques nécessaires pour donner la confiance appropriée en ce qu'un produit ou service satisfera aux exigences données relatives à la qualité» (ISO 8402). Après avoir créé un état d'esprit et mis en œuvre la gestion d'amélioration, il faut installer un système documentaire souple et pertinent : l'assurance qualité se nourrit en effet de procédures liées à l'expérience de terrain. «Instaurer cette formalisation dès le début de la démarche assurance qualité, c'est accepter le droit à l'erreur (non-conformité) mais avec une obligation de progrès (actions correctives). L'assurance qualité ne se décrète pas : elle s'instaure progressivement. Le document écrit est une théorisation de la pratique et une reconnaissance du savoir-faire»[89].

L'assurance de la qualité et la certification sont généralement considérées comme des étapes servant de tremplin sur la voie de la maîtrise de la qualité totale et de la compétitivité dans un contexte d'échanges internationaux et de globalisation du marché. En France le nombre des certificats délivrés par l'AFAQ ne fait qu'augmenter : en juin 1993, l'AFAQ remettait son 1000e certificat et le 2500e devait être délivré en juin 1994[90] (cf. figure 21 ci-dessous).

Figure 21 : Evolution du nombre de certificats délivrés

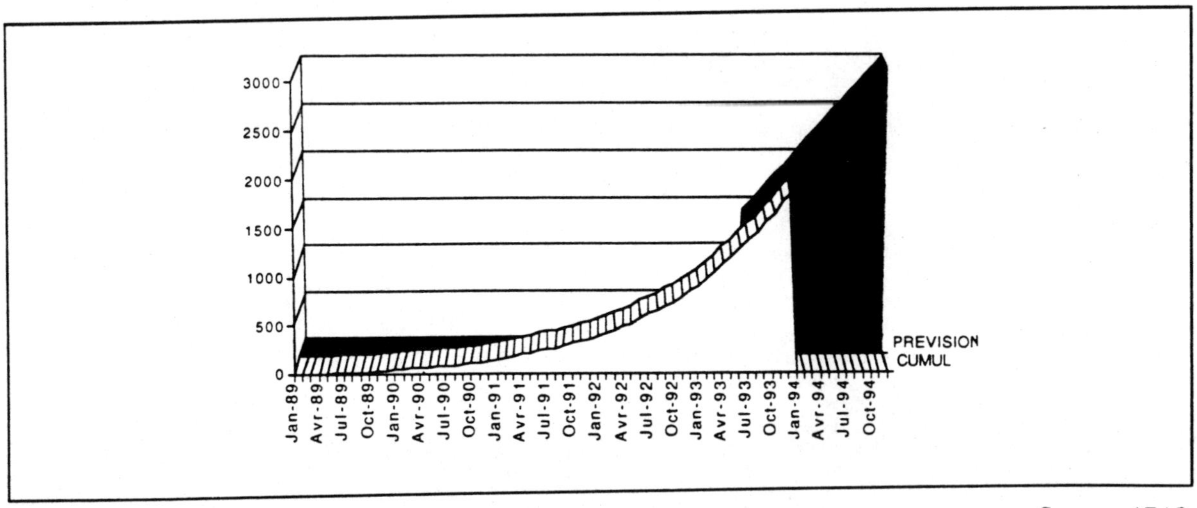

Source : AFAQ

89 Notice N62 : Georges Napolitano ; Jean Lapeyre.- La certification des services..., p. 124

90 Notice N50 : AFAQ.- L'AFAQ en chiffres...

Figure 22 : Répartition des certificats AFAQ par secteur

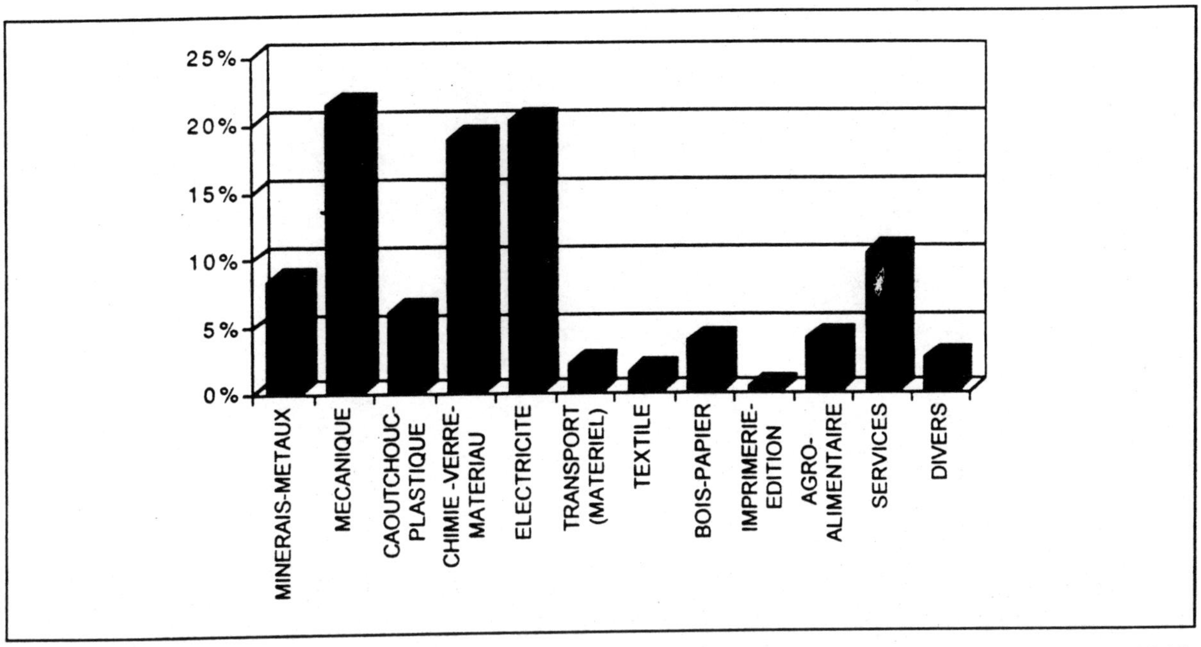

Source : AFAQ

La répartition par secteurs d'activité[91] (cf. figure 22 ci-dessus) nous montre que les services - de plus en plus engagés dans une logique d'industrialisation : il est prévu qu'en 1996 la production de services dépasse largement la moitié de l'activité économique[92] - font preuve d'un certain dynamisme en matière de certification. Les certificats accordés aux services représentent environ 10 % du total des certificats (4e position) et sont en «forte progression» selon l'AFAQ. Qu'en est-il du secteur de l'information et des producteurs de banques de données ? Carl Gustav Johanssen[93] a procédé à une enquête en mars 1992 auprès de 23 administrateurs d'information danois (13 bibliothèques, 4 producteurs/serveurs de banques de données, 3 *brokers* et 3 services d'information). Seulement 2 d'entre eux avaient, à l'époque, entamé une procédure de certification. En France à ce jour aucun producteur n'a entamé de telles démarches...

91 Notice N50 : AFAQ.- L'AFAQ en chiffres...

92 Notice N61 : Khalid Naciri ; Eric Sutter.- Les normes Iso 9000 s'appliquent-elles aux services d'information ?...

93 Notice N60 : Carl Gustav Johanssen.- Umsetzung von TQM bei Informationsdiensten...

La certification : définition et objectifs

On a coutume d'évoquer le concept de certification au singulier. Il serait plus juste de parler de «certifications». De plus chaque type de définition correspond à des objectifs différents, à des filières de certification différentes.

Définition

Trois formules sont possibles : l'auto-certification, la certification par seconde partie faite par le client pour le fournisseur, et la certification par tierce partie qui est généralement définie comme la «déclaration, par une autorité ou un organisme qualifié, qu'un produit, un organisme ou une personne satisfait à certains critères»[94]. La certification peut être demandée pour l'ensemble des activités ou pour un service. Dans l'environnement actuel, plusieurs types de certification par tierce partie peuvent être envisagés.

- *La certification de produit* (par exemple, le label NF) est l'attestation par un organisme indépendant de l'entreprise qu'un produit qu'elle fabrique en série est conforme à une norme ou à une spécification bien définie. Cette certification est acquise et entretenue par des audits et visites d'inspecteurs.

- *La certification du système qualité de l'entreprise en matière d'assurance de la qualité* (ISO 9000) est l'attestation par un organisme indépendant de l'entreprise que celle-ci répond à des critères définis d'aptitude à assurer la qualité pour l'ensemble de ses productions ou prestations. La qualité résulte alors de l'ensemble du processus de production. Cette certification est prononcée après évaluation positive. La certification de l'AFAQ basée sur les normes internationales ISO 9000 correspond à ce type de certification.

- *La certification du personnel* : dans le domaine de l'information, l'ADBS a mis au point depuis début 1994 un processus de certification du personnel.

---

94 Notice N2 : Lucien Cruchant.- La qualité..., p. 90-92

Les objectifs de la certification

D'une manière générale, et quel que soit le type de certification retenu, la certification est un moyen parmi d'autres de gagner la confiance du client-utilisateur existant et/ou potentiel. Si la certification est souvent une réponse aux exigences formulées par les clients et apparaît parfois comme une contrainte, elle apporte également une reconnaissance officielle d'une organisation qualité permettant d'inspirer confiance aux différents partenaires, en faisant connaître son savoir-faire. Elle favorise donc une bonne image de marque, ce qui constitue un argument de vente pour les entreprises soumises à une concurrence de plus en plus internationale (cf. figure 23 ci-après), et un objectif de performance interne, une étape dans le processus d'amélioration continue.

Figure 23 : Motivations des entreprises pour une certification AFAQ[95]

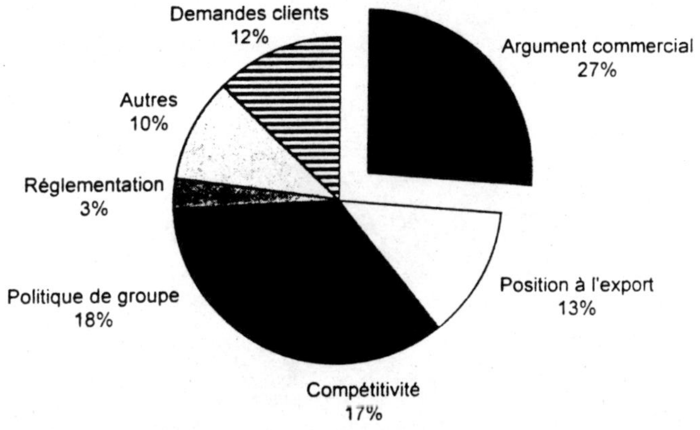

L'argument commercial est souvent la motivation principale des entreprises qui mettent en place un système d'assurance qualité. Cependant, de plus en plus de sociétés réalisent que la norme ISO 9000 a aussi un impact positif sur leur productivité et donc sur leur rentabilité.

Source : AFAQ

Ne perdons pas de vue que la certification ne doit pas être considérée comme un but à atteindre : si elle est une étape dans un processus d'assurance qualité et d'amélioration constante, elle n'est en aucun cas une condition nécessaire et suffisante à la réussite de la qualité totale.

95 Notice N51 : AFAQ.- L'AFAQ en chiffres...

Les différentes filières de certification

Plusieurs organismes travaillent à la mise en place de labels de qualité. Deux types d'organismes - correspondant à des filières de certification différentes - peuvent être distingués dans le cadre de cette étude :

- la filière «généraliste» représentée par des institutions travaillant sur des normes à caractère généraliste conduisant aux certifications de type ISO 9000, ou prônant des prix et récompenses de qualité ;
- en France, la récente filière des labels de qualité des produits créés par les organismes et associations de professionnels de l'information, travaillant sur les critères d'évaluation des banques de données dans le but de mettre au point des normes spécifiques aux services d'information électroniques.

La filière généraliste

Deux types de certification de la qualité cohabitent : la certification aux normes internationales ISO 9000 d'une part, les prix et récompenses accordés aux entreprises d'autre part. Ces deux types de certification peuvent être considérés comme complémentaires même s'ils ne peuvent constituer l'unique objectif de l'entreprise sur le chemin de la qualité totale.

- *Les normes ISO 9000*

En France, deux organismes ont pour objectif de coordonner les processus d'élaboration des normes et de promouvoir leur application :

- l'**AFNOR** (cf. p. 30), promoteur de la marque NF créée en 1938, qui représente le système de certification de produits et services le plus important (70 % des certifications de produits)[96]. L'AFNOR représente la France à l'Organisation Internationale de Normalisation (ISO).

---

96 Notice N2 : Lucien Cruchant.- La qualité..., p. 91

- l'**Association Française pour l'Assurance de la Qualité (AFAQ)**, créée en 1988, rassemble les principaux acteurs concernés par la certification d'entreprises : organisations professionnelles représentant les fournisseurs, acheteurs et donneurs d'ordres, AFNOR, Mouvement Français pour la Qualité (MFQ) et organismes de contrôle technique.

  En conformité avec les normes ISO 9000, la certification AFAQ est basée sur les normes internationales en vigueur. Par le certificat, l'AFAQ atteste que le système qualité considéré «a été évalué et jugé conforme aux exigences de la norme». L'AFAQ est membre de l'EQ-Net, réseau d'organismes certificateurs européens (16 pays) pour l'évaluation et la certification de systèmes d'assurance de la qualité.

Les normes ISO 9000, élaborées en 1987 et révisées en juin 1994[97] par les experts de l'ISO au sein du comité 176, constituent un ensemble de textes relatifs au management et à l'assurance qualité. Elles ne sont pas spécialisées par secteurs d'activité et permettent difficilement une application directe : elles sont rédigées dans un langage général et souvent abstrait, et beaucoup de professions sont tentées de les retraduire dans un langage qui leur est propre. «Il importe moins de chercher à appliquer à la lettre toutes les exigences que d'en comprendre les exigences fonctionnelles pour les appliquer de façon adaptée»[98]. La série des normes ISO 9000 s'inscrit dans un processus de management par la qualité et comporte principalement :

- la norme ISO 8402, terminologie ;
- la norme ISO 9004 (= NF EN 29004) : «Gestion de la qualité et éléments de système qualité - Lignes directrices», est un guide pour la mise en place et le management d'un système qualité ;
- la norme ISO 9004-2 : «Lignes directrices pour les services» ;

97 Notice N56 : Claude Fouquet.- ISO 9000 : le nouveau millésime est prêt...

98 Notice N55 : Jacques Chové.- Concepts généraux de la qualité et normes internationales ISO 9000...

- les normes ISO 9001, 9002 et 9003 (= NF EN 29001, 29002 et 29003) sont des normes d'exigences pour l'assurance de la qualité en situation contractuelle :

  ISO 9001 : «Modèle pour l'assurance de la qualité en conception / développement, production, installation et soutien après la vente» ;

  ISO 9002 : «Modèle pour l'assurance de la qualité en production et installation» ;

  ISO 9003 : «Modèle pour l'assurance de la qualité en contrôle et essais finals» ;

- la norme ISO 10011 : «Guide pour organiser conduire et réussir les audits de système qualité».

Les étapes d'application du processus de certification AFAQ (cf. figure 24, ci-après) se répartissent généralement sur une durée variant de 12 à 24 mois suivant la taille et la maturité de l'entreprise en matière de qualité[99].

[99] Notice N62 : Georges Napolitano ; Jean Lapeyre.- La certification des services...

Figure 24 : Déroulement de la procédure de certification AFAQ[100]

Une fois son système élaboré et mis en œuvre,
l'entreprise écrit au secrétariat général de l'AFAQ

L'entreprise reçoit un questionnaire d'identification
et des documents d'information sur l'AFAQ

L'entreprise renseigne ce questionnaire et le renvoie au secrétariat général

↓

Le comité adresse à l'entreprise :
- un contrat ;
- toutes précisions concernant le guide de référence applicable ;
- le questionnaire préliminaire.
Le comité lui demande des informations sur son système qualité
(exemples : manuel qualité, procédures...)

Le comité examine l'ensemble des documents remis par l'entreprise

↓

Réalisation de l'audit[101]
Envoi du ra port d'audit à l'entreprise
Réponse de l'entreprise
Le cas échéant, réalisation d'un audit complémentaire

↓

Examen du dossier de certification par le comité

Délivrance du certificat (validité : 3 ans)

↓

Visite périodique de surveillance

Renouvellement du certificat

---

100 Notice N59 : Poul Buch Jensen.- Guide d'interprétation des normes ISO 9000..., p. 132

101 L'audit est réalisé par un expert agréé, membre d'un cabinet conseil en qualité. L'AFAQ a pour règle de ne pas confier d'audit à un expert qui aurait eu des liens professionnels récents avec l'entreprise.

Les outils utilisés dans le processus de certification sont les suivants :

- le **manuel qualité et les procédures** sont les clés de voûte du système documentaire. Selon la définition donnée par la norme ISO 8402, les procédures sont la «manière spécifiée d'accomplir une activité» (pour la définition du manuel qualité, voir p. 66) ;

- l'**audit de qualité** s'applique au système qualité de l'entreprise. Il est «un examen méthodique et indépendant en vue de déterminer si les activités et résultats relatifs à la qualité satisferont aux dispositions préétablies, et si ces dispositions sont mises en œuvre de façon efficace et apte à atteindre les objectifs» (ISO 8402). Sa vocation est de mettre en évidence la nécessité de modifier les documents et les règles d'assurance qualité pour que le système reste adapté. Les audits sont effectués par des auditeurs internes (rôle du service qualité ou de l'animateur qualité de l'entreprise), ou externes à l'entreprise.

Trois formes d'audits existent :

- l'*audit d'évaluation* est une sorte de diagnostic qui permet de mettre en relief les écarts entre la norme et la pratique quotidienne ;

- l'*audit d'approbation* permet de valider la pertinence du système documentaire requis par la norme ;

- l'*audit d'application* permet périodiquement d'être en veille du système et d'apporter des suggestions d'amélioration. Ce dernier type d'audit se déroule en trois phases : la préparation, la visite de terrain et le rapport d'audit.

Il est important de souligner que les normes ISO 9000 présentent quelques limites : les difficultés de compréhension du texte, ainsi que les problèmes de mise en œuvre mettent en évidence la nécessité de créer des guides d'application par secteurs d'activité[102] (cf. figure 25 ci-après).

102 Notice N56 : Claude Fouquet.- ISO 9000 : le nouveau millésime est prêt...

Figure 25 : Typologie des difficultés rencontrées

Titre des chapitres	Problèmes de compréhension du texte	Problèmes de mise en œuvre
Responsabilité de la direction	15	22
Système qualité	13	11
Revue de contrat	26	37
Maîtrise de la conception	10	15
Maîtrise des documents	14	29
Achats	27	35
Produits fournis par l'acheteur	20	10
Identification et traçabilité du produit	16	19
Maîtrise des procédés	42	29
Contrôle et essais	2	19
Maîtrise des équipements de contrôle de mesure et d'essai	9	32
État des contrôles et des essais	8	14
Maîtrise du produit non conforme	9	4
Actions correctives	15	24
Manutention, stockage, conditionnement, livraison	5	5
Enregistrements relatifs à la qualité	28	18
Audits qualité internes	14	27
Formation	13	19
Fonction après-vente	6	5
Techniques statistiques	30	26
Utilité d'un guide d'application de la profession ou du secteur d'activité	oui 116	non 25

Source : N56 : Claude Fouquet.- ISO 9000 : le nouveau millésime est prêt

Carl Gustav Johanssen[103] , professeur en sciences de l'information à l'Ecole de bibliothèques de Copenhague met en garde les services d'information contre certains points, liés à l'aspect généraliste de ces normes. Ses remarques mettent également en évidence la nécessité de mettre en place des textes applicatifs, spécifiques au secteur de l'information.

103 Notice N60 : Carl Gustav Johanssen.- Umsetzung von TQM bei Informationsdiensten...

- *Les prix et récompenses de qualité : des critères d'évaluation soumis à un cadre général*

Jacques Chové[104] souligne que les prix de qualité ont des niveaux d'exigence plus élevés que les normes ISO 9000 car ces derniers prennent plus en compte les besoins des utilisateurs-clients. Ils représentent un moyen de promouvoir le système qualité de l'entreprise, et de développer une certaine éthique. De nombreux prix de la qualité existent de par le monde, mais ne perdons pas de vue qu'aucun service d'information électronique n'a à ce jour fait l'objet de telles récompenses.

En France

– Le **prix français de la qualité**[105] (figures 26 et 27 ci-après) : des critères d'évaluation et un barème de notation sont fournis par les organisateurs (Institut Qualité et Management dépendant du MFQ, sous-direction Qualité et Normalisation du Ministère de l'Industrie, des Postes et Télécommunications et du Commerce Extérieur).

Figure 26 : Le prix français de la qualité : 28 questions en 8 chapitres

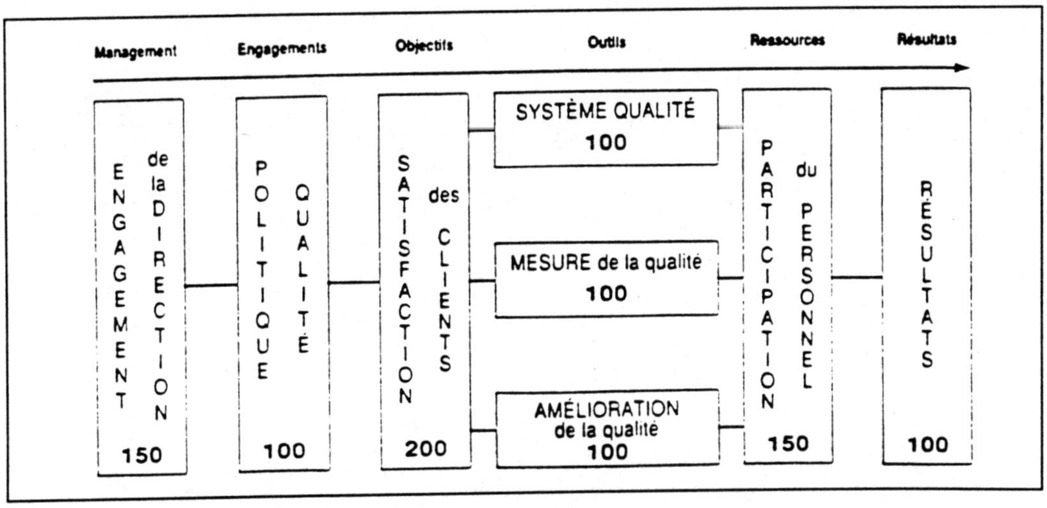

104 Notice N55 : Jacques Chové.- Concepts généraux de la qualité et normes internationales ISO 9000...

105 Notice N36 : *Qualité en mouvement*, 1994, p. 24-25

Figure 27 : Le prix français de la qualité : questionnaire d'évaluation

Questionnaire d'évaluation du Prix Français de la Qualité 1995

Huit thèmes ont été retenus pour le questionnaire d'évaluation rempli par chaque entreprise finaliste. Chacun des thèmes a été noté sur 100 points, cette note étant affectée d'un cœfficient multiplicateur. La notation totale s'élève à 1 000 points.

1. L'engagement de la direction de l'entreprise :

1.1 Comment la direction entraîne-t-elle la démarche qualité de l'entreprise ?
1.2 Comment la direction s'implique-t-elle de façon visible dans cette démarche qualité, en interne comme en externe ?
1.3 Comment la direction récompense-t-elle les efforts et les succès qualité (des individus et des équipes) ?

2. La politique qualité

2.1 Quelle est la politique qualité de l'entreprise ?
2.2 Comment la politique qualité de l'entreprise est-elle effectivement reliée aux objectifs stratégiques de l'entreprise ?
2.3 Comment la politique qualité est-elle déployée concrètement dans toutes les entités de l'entreprise ?
2.4 Comment est-elle connue par tout le personnel ?
2.5 Comment la politique qualité est-elle revue périodiquement ?

3. La satisfaction des clients

3.1 Comment l'entreprise anticipe-t-elle les besoins et les attentes de ses clients ?
3.2 Comment en tient-elle compte en matière de qualité de ses produits ou services, et ce dès leur conception ?
3.3 Comment l'entreprise mesure-t-elle la satisfaction de ses clients ?
3.4 Comment l'entreprise identifie-t-elle ses concurrents ?
3.5 Comment se situe-t-elle par rapport à ses concurrents au niveau de la qualité ?

4. Le Système qualité

NB : Ne pas omettre, également pour les activités de service, d'examiner ce chapitre sous l'angle du contact avec la clientèle.
4.1 Comment le système qualité de l'entreprise (organisation, procédures, processus et moyens) permet-il d'appliquer la politique qualité ?
4.2 Comment ce système qualité permet-il de s'assurer de la qualité des prestations des fournisseurs et sous-traitants de l'entreprise ?
4.3 Comment l'entreprise fait-elle progresser son système qualité (en particulier en capitalisant les expériences passées) ?

5. Mesure de la qualité

5.1 Comment le personnel de l'entreprise dispose-t-il des indicateurs qualité dont il a besoin pour atteindre ses objectifs qualité ?
5.2 Comment les indicateurs qualité permettent-ils à la direction de l'entreprise de s'assurer de ses engagements qualité ?
5.3 Comment lui permettent-ils d'estimer ses forces et faiblesses ?
5.4 Comment l'entreprise utilise-t-elle toutes ces informations pour faire évoluer ses processus ainsi que ses produits ou services ?

6. L'amélioration de la qualité

6.1 Comment sont construites les actions d'amélioration de la qualité (notamment en relation avec les objectifs de l'entreprise et les résultats obtenus) ?
6.2 Comment s'assure-t-on de leur réalisation ?

7. La participation du personnel

7.1 Comment le personnel est-il informé de l'évolution des objectifs et des succès qualité de l'entreprise ?
7.2 Comment le personnel peut-il proposer des améliorations de la qualité (concernant le système qualité, les objectifs qualité et leur mise en œuvre) ?
7.3 Comment s'implique-t-il dans la mise en œuvre des actions qualité ?
7.4 Comment les formations mises en place contribuent-elles à l'atteinte des objectifs qualité ?
7.5 Comment l'entreprise mesure-t-elle l'adhésion du personnel à la démarche qualité de l'entreprise ?

8. Résultats

8.1 Quels sont les résultats de l'entreprise en ce qui concerne :
- la satisfaction de ses clients ?
- le fonctionnement des différents processus ?
- l'implication de son personnel ?
- le niveau qualité de ses fournisseurs ?

(en termes de niveaux acquis, objectifs, tendances, comparaisons par rapport aux concurrents)

8.2 Quelle est la contribution de la qualité sur les résultats de l'entreprise au niveau de :
- son chiffre d'affaires ?
- ses bénéfices ?
- ses parts de marché ?
- sa notoriété ?

(en termes de niveaux acquis, objectifs, tendances, comparaisons par rapport aux concurrents)

8.3 Comment l'entreprise s'engage-t-elle au niveau local sur son engagement qualité, notamment :
- dans la réduction des nuisances ?
- dans la vie de la collectivité ?
- etc.

A l'étranger

– Le **prix Deming** (Japon) institué en 1951 est le prix de qualité le plus ancien et ne présente pas de prescriptions et de critères de la part de l'organisateur.

– Le **prix Malcolm Baldrige** (Etats-Unis) a été créé en 1987. Deux récompenses sont remises chaque année. Ce prix privé, très utile pour observer le rôle du management de l'information dans la qualité totale, a donné naissance à une version gouvernementale et a fortement influencé le prix européen. A la différence du prix Deming, les résultats, la satisfaction de l'utilisateur et la qualité du service sont des facteurs déterminants ; les critères et barèmes du prix sont les suivants : management du processus de qualité (140 points), satisfaction des utilisateurs (300 points), engagement de la direction (90 points), développement des ressources humaines et management (150 points), stratégie de qualité (60 points), résultats de qualité (180 points), information et analyse (80 points). Les objectifs poursuivis par les organisateurs sont les suivants[106] :

- promotion de la qualité comme élément de la compétitivité ;

- compréhension des besoins pour obtenir l'excellence ;

- partage de l'information sur les stratégies réussies de qualité.

Ce prix suscite de nombreux débats[107] ; en effet, il a révélé régulièrement des faiblesses dans le management de l'information dans de nombreuses sociétés ayant obtenu la récompense.

– Le **prix de la qualité britannique**, remplacé par le **prix du Premier Ministre** en 1994, comporte des détails sur les critères et les systèmes de notation. Ce prix sanctionne à la fois le secteur public et le secteur privé.

---

106 Notice N11 : Marydee Ojala.- The dollar sign : quality online and online quality...

107 Notice N35 : John R. Brockman.- Information management and corporate total quality...

– La **Récompense qualité européenne** (European Quality Award) organisée par l'EFQM, est inspirée du prix Malcolm Baldrige. Les détails des critères et du système de notation en sont explicites.

La filière des labels de qualité créés par les professionnels de l'information

Ces dernières années, les professionnels de l'information électronique se sont penchés sur les spécificités des services offerts par les banques de données afin de les intégrer dans un processus de certification des produits : ainsi naissent actuellement des labels de qualité, à l'initiative d'organisations professionnelles.

- *La charte de qualité «Point bleu»*[108] : dans le domaine typiquement français qu'est la télématique, le **Groupement des Editeurs de Services Télématiques (GESTE)** a mis au point une charte adoptée par ses 71 membres le 30 mars 1994, et pense dans un futur proche organiser un comité de pilotage constitué de professionnels, du BVP (Bureau de Vérification de la Publicité), de représentants des médias supports et d'utilisateurs.

  La finalité du GESTE en créant cette charte de qualité pour les services télématiques est de valoriser les services de qualité dans l'état d'esprit suivant : dans un souci de respect de l'utilisateur, le service rendu ne doit pas être inférieur au service promis. En plus des recommandations générales, pour les banques de données professionnelles la charte spécifie que les éditeurs de service doivent :

- «s'engager à une mise à jour régulière et datée aussi souvent que l'exige le sujet traité ;
- authentifier les documents ou indiquer la source ;
- préciser la source quand l'information est diffusée à la demande d'un tiers ;
- ne pas diffuser de fausses informations ;

108 Notice N57 : Geste.- Démarche qualité «Point bleu»...

- ne pas tromper le public ;
- offrir un service rapide et ergonomique surtout en ce qui concerne les hauts paliers ;
- ne pas présenter les publi-informations comme du rédactionnel ;
- s'il existe une rubrique *messages libres et anonymes*, mentionner que ces diffusions n'ont aucune valeur professionnelle, ni d'information, ni de conseil».

Une grille d'auto-évaluation établie à partir des spécifications de la charte a été mise au point et envoyée à chaque producteur (figure 28 ci-après). Cette auto-évaluation a valeur d'engagement et c'est sur la base de cet engagement que se fera la qualification dont la validation est confiée à une équipe de spécialistes qui accomplit un rapport d'audit, transmis au comité de pilotage qui transigera. Le label est accordé pour un an et le renouvellement s'effectue tous les ans.

Cette charte de qualité minimum destinée à gagner la confiance d'un public de plus en plus sceptique vis-à-vis de la qualité des services télématiques s'apparente plutôt à un code général de déontologie.

Figure 28 : Grilles de critères qualité des services télématiques en général et critères spécifiques aux services d'information, informations spécialisées, bases de données professionnelles - Geste

A	RESPECT DU PUBLIC EN GENERAL (COMMUNICATION ACCESSIBLE A TOUS PUBLICS)			
		Fait (a)	Prêt à le faire (b)	Ne peut le faire (c)
1	ADEQUATION ENTRE LA PROMESSE ET L'OFFRE			
2	MENTION DU PRIX TTC/MN (videotex) COUT DE L'APPEL + PRIX TTC/MN (audiotel)			
3	MENTION DE LA SOCIETE EDITRICE			
4	MENTIONS EN DISPOSITION HORIZONTALE ET CONTRASTEES			
5	MENTIONS EN CORPS 5 MINIMUM (PRESSE)			
6	MENTIONS 10% MINIMUM DE LA TAILLE DU CODE (AFFICHAGE)			
7	MENTIONS 10% MINIMUM DE LA TAILLE DU CODE ET PENDANT SA DUREE D'APPARITION (TV)			
8	MENTIONS MEME QUALITE DE SON (RADIO, TV)			
9	PAS D'AFFICHAGE SAUVAGE			
10	PROHIBITION DU MOT "GRATUIT" ET SYNONYMES			
11	PAS DE CONTREFACONS DE DOCUMENTS ADMINISTRATIFS OFFICIELS			
12	RESPECT DE LA DIGNITE DE LA PERSONNE			
13	PAS DE MISE EN RISQUE DES MINEURS			
14	NE PAS INCITER A L'UTILISATION DE LIGNES TELEPHONIQUES A L'INSU DE LEURS TITULAIRES			

B	RESPECT DE L'UTILISATEUR (REGLES GENERALES)			
		Fait (a)	Prêt à le faire (b)	Ne peut le faire (c)
1	INFOS EDITEUR DEPUIS L'ACCUEIL (ADRESSE ET NOM + NOM DU RESPONSABLE + PRIX TTC/MN ET/OU COUT DE L'APPEL (services audiotel)			
1'	SERVICES NON INTERACTIFS OU AU FORFAIT : INFOS ACCESSIBLES SUR UN REPONDEUR DONT LE N° RTC EST DONNE DES L'ACCUEIL DU SERVICE			
2	LISTE DES AUTRES PUBLICATIONS TELEMATIQUES			
3	MENTION DU CHANGEMENT DE TARIF SUR LE MENU EN CAS DE REROUTAGE S'IL Y A LIEU			
4	BAL SERVICE AVEC REPONSE SOUS 8 JOURS (sauf services audiotel non interactifs & forfait)			
5	PAS DE RUBRIQUE VIDE OU EN DEVELOPPEMENT			
6	ESPACES PUBLICITAIRES SIGNALES			
7	PAS DE COPIE DE SERVICES SANS AUTORISATION			
8	RAPIDITE ET ERGONOMIE			
9	PAS D'AFFICHAGE D'ECRANS ABUSIF			
10	CIRCULATION AISEE			
11	RESPECT DES TOUCHES FONCTION MINITEL			
12	ACCESSIBLITE 24H/24			
13	GESTION DES MONTEES EN CHARGE PREVISIBLES			
14	INTERVENTION RAPIDE EN CAS DE PANNE			

F	RECOMMANDATIONS SPECIFIQUES AUX SERVICES D'INFORMATION, INFORMATIONS SPECIALISEES, BASES DE DONNEES PROFESSIONNELLES			
		Fait (a)	Prêt à le faire (b)	Ne peut le faire (c)
1	MISE A JOUR REGULIERE ET DATEE			
2	INFOS AUTHENTIFIEES OU SOURCE CITEE			
3	POUR LES INFOS DIFFUSEES A LA DEMANDE D'UN TIERS, PRECISER LA SOURCE			
4	PAS DE FAUSSES INFORMATIONS			
5	NE PAS TROMPER LE PUBLIC			
6	SERVICE RAPIDE ET ERGONOMIQUE			
7	PUBLI-INFORMATIONS IDENTIFIEES			
8	EN CAS DE RUBRIQUE DE MESSAGES LIBRES ET ANONYMES, MENTIONNER CLAIREMENT QU'ILS N'ONT AUCUNE VALEUR PROFESSIONNELLES			
9	DROIT DE REPONSE GRATUIT			

Source : Geste, août 1994

• *Les «petits cœurs» de FLA Consultants* : l'équipe de FLA Consultants a mené une réflexion sur les critères d'évaluation des banques de données professionnelles dans le cadre de la publication de son prochain annuaire des banques de données professionnelles (parution à l'automne 1994)*. Les tests effectués ont permis de mettre au point une grille d'évaluation de la qualité du contenu des banques de données (figure 29 ci-après).

Figure 29 : les ♥ de FLA Consultants

LEGENDE

Volume et couverture des données :

♥ ♥ ♥ ♥ *(55 %)*	Base proposant des données particulièrement riches ou originales sur le réseau Télétel, avec une couverture complète d'un domaine, d'un sujet...
♥ ♥ ♥ *(31 %)*	Base très riche, mais moins complète que d'autres, pour le même type de renseignement, ou ne couvrant pas complètement un domaine donné
♥ ♥ *(4 %)*	Base très intéressante, mais dont la couverture géographique est plus restreinte
♥ *(10 %)*	Base très intéressante, mais dont le volume d'informations est limité

Sophistication de la recherche

♥ ♥ ♥ ♥ *(11 %)*	Possibilités de recherche particulièrement sophistiquées, permettant des sélections très fines ou très larges : langage naturel ; mots-clés avec indexation très détaillée + utilisation des opérateurs booléens + liste des mots-clés ...
♥ ♥ ♥ *(46 %)*	Recherche par mots-clés avec indexation relativement détaillée, ou recherche par différents critères de sélection avec possibilité de les croiser
♥ ♥ *(42 %)*	Recherche uniquement par succession de menus, sans possibilité de croisement, ou recherche avec peu de critères de sélection
♥ *(1 %)*	Recherche particulièrement difficile, ou avec des critères de sélection trop restrictifs

Temps d'accès aux réponses

♥ ♥ ♥ ♥ *(13 %)*	Maximum de 2 écrans de présentation/publicité avant l'écran de recherche ET maximum de 2 écrans de recherche/choix successifs avant l'affichage des réponses ET réponse instantanée du logiciel
♥ ♥ ♥ *(68 %)*	Maximum de 2 écrans de présentation avant l'écran de recherche. Maximum de 2 écrans de recherche/choix successifs avant l'affichage des réponses OU réponse instantanée du logiciel
♥ ♥ *(18 %)*	Quelques écrans de présentation. Plus de 2 écrans de recherche/choix successifs et réponse moins rapide du logiciel (pas de réponse instantanée ou messages de type "Recherche en cours", "Votre choix est pris en compte"...)
♥ *(1 %)*	Temps d'accès aux réponses particulièrement longs

Graphisme des écrans

♥ ♥ ♥ ♥ *(33 %)*	Tous les écrans sur fond grisé (de couleur) avec bon contraste lettres/fond - Très bonne lisibilité
♥ ♥ ♥ *(37 %)*	Ecrans de recherche sur fond grisé, mais résultats sur fond noir avec bon contraste lettres/fond - Lisibilité correcte dans l'ensemble
♥ ♥ *(28 %)*	La plupart des écrans sur fond noir ou avec mauvais contraste lettres/fond - Lecture peu agréable
♥ *(7 %)*	Présentation des données sur 80 colonnes - Mauvaise lisibilité et temps d'affichage plus long des écrans

(entre parenthèses : répartition des bases décrites selon les critères)

* RIOU, Béatrice.- Répertoire des banques de données Téletel pour l'entreprise.- 4e éd.- Paris : FLA Consultants, 1994.- 343 p.- ISBN 2-907-275-11-9

La prise de conscience de la nécessité d'une certaine qualité des banques de données, passant par un processus d'évaluation, s'installe chez les professionnels de l'information : l'initiative prise par le GESTE et par FLA Consultants, deux organismes reconnus et attestés par les professionnels de l'information, est l'indicateur d'une tendance à vouloir produire des services d'information électroniques fiables, et à les faire reconnaître par leurs pairs ou par des utilisateurs potentiels. L'objectif de ces deux démarches est de (re)donner confiance dans les services et les produits proposés, en fournissant des référentiels certifiant la qualité du produit et/ou du service.

Les producteurs français et la certification

Une partie des questions posées lors des entretiens sur la démarche et la politique qualité des producteurs de banques de données portait sur la certification et la position de chaque producteur sur l'éventualité de mettre en place un dispositif de certification, quel qu'il soit, dans son entreprise. L'analyse des réponses apportées lors de ces entretiens nous a permis de distinguer des tendances globales et de mettre en évidence certains paradoxes.

Connaissance des normes de qualité ISO 9000

Même s'ils connaissent l'AFNOR pour des raisons professionnelles souvent liées au contexte informatique environnant, neuf organismes ne connaissent pas les normes de qualité ISO 9000. Deux producteurs les connaissent mais ne les possèdent pas. Enfin, trois sociétés connaissent ces mêmes normes et les possèdent.

Les résultats peuvent paraître très surprenants, voire contradictoires pour certains : on peut connaître et posséder les normes ISO 9000 tout en déclarant ne pas pratiquer de démarche qualité, comme on peut pratiquer ou désirer pratiquer une démarche qualité totale et ne pas connaître ni posséder ces mêmes normes : ceci nous amène à nous interroger sur la nature des outils méthodologiques employés pour mettre en place les processus de qualité.

Force est de constater dans un premier temps une certaine dichotomie entre la politique qualité d'une part, et la connaissance des normes ISO 9000 d'autre part.

Vers une labellisation des produits et/ou des services ?

Les avis des producteurs diffèrent concernant une certification éventuelle et/ou l'attribution d'un label de qualité aux professionnels de l'information électronique : sept d'entre eux sont assez favorables à franchement favorables à l'établissement d'une telle démarche, cinq n'y sont pas favorables du tout et deux producteurs n'ayant pas réfléchi à la question préfèrent ne pas se prononcer.

L'intérêt de cette question réside surtout dans les explications données par chaque producteur pour justifier sa réponse : comme pour la question concernant la définition de la qualité (p. 56-58), trois groupes principaux se distinguent.

- *Le processus de certification envisagé n'intègre pas ou peu le concept d'«utilisateur»* : deux producteurs considèrent un label comme une fin en soi, comme un moyen de justifier la qualité de banques de données vis-à-vis d'une direction demandant des comptes en termes de rentabilité à chacun de ses services ; un label serait alors un moyen de «clouer le bec» (sic) à une direction qui a intégré les normes AFNOR/ISO dans la gestion de son entreprise. La certification est alors considérée comme une finalité du contrôle qualité. Il s'agirait pour ces producteurs de s'engager dans un processus de certification de leurs produits.

- *La majorité des producteurs pose le problème de la certification par rapport aux réactions de leurs utilisateurs* : qu'ils soient favorables ou qu'ils ne soient pas favorables à un tel processus, la majorité de leurs utilisateurs (ingénieurs, avocats, chercheurs etc.) connaissent la réputation de sérieux accordée aux normes AFNOR/ISO. Ces producteurs sont donc conscients qu'une certification - même s'ils n'y sont pas prêts - valoriserait leur image de marque vis-à-vis de leurs utilisateurs. Par ailleurs l'un des producteurs se refuse à entrer dans un processus de certification, car ses utilisateurs ne connaissent pas les normes de qualité.

- *Le troisième groupe de producteurs (2) intègre le processus à une démarche qualité totale* et se refuse à considérer la certification comme un but, mais comme un simple outil de qualité, une étape nécessaire et non suffisante vers la qualité totale, nécessitant la participation de l'ensemble du personnel de l'entreprise. Pour ces producteurs, la certification permet de réussir et nourrir la qualité pour aller au devant des besoins des clients et donc de s'inscrire dans une politique globale de stratégie marketing[109], visant à l'amélioration permanente (l'excellence) du système.

---

109 Notice N63 : Bob Norton ; Debbie Ellis.- Implementing BS 5750...

La position des producteurs dans la polémique sur la certification

L'analyse des enquêtes faites auprès des producteurs nous amène à effectuer plusieurs constatations d'ordre général. On peut se demander si les réflexions émises au cours des entretiens sont significatives de la polémique engagée par les spécialistes de l'information concernant la certification de type ISO 9000.

- *Les inconvénients de la certification*

Les inconvénients de la certification ont été mis en évidence par les professionnels de l'information, particulièrement en Grande-Bretagne ; en effet, un certain nombre de bibliothèques britanniques se sont engagées dans un processus de certification, processus parfois violemment dénoncé. Il est primordial de noter que, chez les opposants, les arguments se situent la plupart du temps dans un environnement quotidien dans lequel les problèmes à résoudre amènent à opter pour des solutions à court terme : cette polémique se nourrit rarement de réflexions situant la démarche qualité dans une stratégie de marketing. Les professionnels de l'information sont, comme tous les professionnels, confrontés à une réalité quotidienne stressante qui les accapare et les empêche d'avoir le recul nécessaire pour pouvoir procéder à une réflexion globale sur les enjeux professionnels en termes de management, comme le souligne une des personnes interrogées lors de notre enquête.

– Aucun des producteurs français n'a évoqué le problème des coûts élevés engendrés par la certification. Beaucoup de directeurs, et particulièrement les directeurs de petites entreprises comme le sont la plupart des services d'information, se plaignent des frais générés par la mise en place d'un processus de certification : les frais de certification s'élevaient en 1993 à environ 60 000 F en moyenne (coût fixe de frais d'enregistrement annuel). A cela s'ajoutent les frais d'assistance d'un consultant qui peut être utile pour mettre en place la qualité, écrire les procédures et rédiger le manuel qualité (coût variable : de 1 750 F à 16 000 F par jour). Le coût total minimum pour aboutir à une certification de services est d'environ 130 000 F[110]. A ces frais apparents et évidents, il convient d'ajouter les perturbations provoquées pendant plusieurs

110 Notice N64 : Alan Smith.- Are we at the mercy of quality ?...

mois dans le fonctionnement normal des services, mais il est relativement difficile d'identifier les pertes de temps et par voie de conséquence les coûts occasionnés par ces dérangements. Il est primordial d'évaluer cet investissement, ce qui ne pourra se faire correctement qu'en ayant mesuré au préalable les coûts de non-qualité. Il faut distinguer dans ces coûts la mise en place du système d'assurance de la qualité et la certification elle-même. Trois facteurs entrent en jeu : le niveau de qualité au départ, le modèle choisi comme objectif et la taille de l'entreprise.

– Par contre, la bureaucratie et l'inflation de paperasserie engendrées par la mise en place du système, largement décriées dans la presse britannique,[111] font également partie des réticences de deux producteurs interrogés. L'invocation de cet argument peut paraître assez surprenant chez l'un d'entre eux qui déclarait peu auparavant ne pas connaître les normes ISO 9000...

– Aucun des producteurs n'a évoqué la transparence dans la communication des informations (facteur essentiel de la qualité et de l'assurance de la qualité) comme un inconvénient majeur. Le développement de l'assurance qualité et la mise en place d'un processus de certification, avec son cortège de visites et d'audits externes, exposent l'entreprise aux regards extérieurs beaucoup plus que les modes anciens de relations. Un problème délicat s'ensuit lié aux risques d'évasion du savoir-faire.

• *Les avantages de la certification*

Deux discours sur les avantages de la certification peuvent être mis en parallèle : ceux que l'on trouve dans la presse professionnelle d'une part (notons que ces avantages découlent plutôt de la démarche qualité que de la certification elle-même), et les déclarations des producteurs français d'autre part.

– Pour les producteurs français :

- pour trois producteurs, une certification peut être l'occasion de (re)donner confiance au client ou à une direction doutant de la qualité de ses services ;

111 Notice N63 : Bob Norton ; Debbie Ellis.- Implementing BS 5750...

- pour deux autres, une certification de produit serait un moyen d'harmoniser et d'homogénéiser les produits offerts au client.

– Les avantages cités par les professionnels dans la presse spécialisée sont les suivants :

- avantages économiques liés à la certification. Selon Alan Smith, les entreprises accréditées se portent mieux financièrement : on passe d'un taux moyen de faillites de 7 % à 0,2 % pour les organismes certifiés[112] ;

- avantages commerciaux et concurrentiels ;

- avantages humains dus à une meilleure communication.

Il est important de souligner à nouveau que la certification constitue une étape de la démarche qualité, une étape ni nécessaire, ni suffisante. La certification quelle qu'elle soit et la mise en œuvre de son processus ne sont certes pas à l'ordre du jour dans un contexte général où l'état d'esprit marketing n'est pas une réalité quotidienne. De plus les idées des producteurs ne sont pas claires sur le sujet : aucun producteur n'effectue de distinction entre certification de produits et certification de services par exemple. Vu les connaissances des producteurs et leur analyse du processus de certification, il est difficile d'envisager une solution concrète à la lumière des entretiens. Nous allons donc proposer un ensemble de solutions susceptibles de constituer des pistes de réflexions pour l'avenir.

Quelle(s) solution(s) concrète(s) envisager pour les producteurs de banques de données ?

Si une certification devait être mise en place, la préférence, pour sept producteurs, porterait vers une démarche s'appuyant sur les travaux méthodologiques que représentent les normes de type AFNOR/ISO, même si la nécessité se fait sentir d'adapter ces normes générales jugées trop lourdes et pas assez souples, aux spécificités des banques de données : la nécessité de définir une norme pour les

112 Notice N64 : Alan Smith.- Are we at the mercy of quality ?...

spécificités des banques de données : la nécessité de définir une norme pour les petites entreprises dans le but de parer aux problèmes de paperasserie et de coûts élevés est primordiale. A ce sujet, les conclusions du rapport d'Alain Brune[113] destiné à la Direction Générale des Stratégies Industrielles sont d'un grand intérêt : les atouts de la France en matière de certification sont nombreux ; la marque NF jouit d'une certaine notoriété et l'AFAQ connaît un grand succès. Les faiblesses du système sont les suivantes : les organismes certificateurs sont trop hexagonaux, les procédures administratives sont trop lourdes en matière de certification de produit et engendrent des coûts et délais auxquels les organismes étrangers ne sont pas soumis, les difficultés d'accès à la certification d'entreprise pour les PME sont nombreuses (les petites entreprises se heurtent à la rigueur d'appréciation de l'AFAQ), et enfin le système est trop complexe et confus.

Face à ces problèmes, le député Alain Brune propose de travailler les orientations suivantes en vue d'une amélioration du système de certification :

- simplifier et clarifier le système ;
- alléger les procédures ;
- favoriser la reconnaissance de nos organismes certificateurs au plan international.

Face à ces problèmes d'ordre général, quelles solutions pratiques peut-on envisager pour les producteurs de banques de données ?

- Il s'agit tout d'abord de *choisir le type de certification* correspondant à la fois aux besoins des utilisateurs, des producteurs et de leurs fournisseurs : certification de produit, certification de services, certification du personnel, certification du système qualité ou une solution mixte (certification de type ISO 9000 avec évaluation du produit). La majorité des producteurs interrogés pratique le contrôle qualité et certains sembleraient assez favorables à une certification de leurs produits. Le problème majeur réside dans l'ignorance de la connaissance des différents types de certification et des enjeux que chacun d'entre eux représente en termes de management. Il est donc nécessaire, si les

113 Notice N54 : Alain Brune.- La certification clé d'un nouvel essor économique...

producteurs décident de travailler à la mise en place de tels processus, de définir avant tout quel type de certification adopter, d'effectuer des choix stratégiques dans la manière de concevoir la qualité et le management de l'entreprise, et enfin d'évaluer l'investissement global que représente le choix effectué. De toutes les façons, la décision d'entamer un processus de certification nécessite une certaine maturité de l'entreprise en matière de qualité : c'est la raison pour laquelle il semble prématuré d'évoquer des choix possibles pour les producteurs français.

- *L'élaboration de référentiel(s) de qualité* constitue une étape essentielle dans le processus de certification des services électroniques d'information. En l'état actuel, plusieurs solutions semblent pouvoir être envisagées dans un futur proche.

– L'application de normes de qualité existantes : la difficulté majeure réside dans le fait que les normes existantes en matière de qualité, créées par des organismes généralistes (ISO 9000) sont des normes générales, difficilement applicables sans un travail préalable d'interprétation et d'adaptation de la part de chaque producteur. De plus, ces normes de qualité appliquées à la lettre engendrent de la part de l'entreprise qui s'y soumet une qualité minimum : se limiter à l'application *stricto sensu* de ces normes mènerait directement les producteurs français à la catastrophe ; celles-ci ne permettent en effet d'assurer ni la compétitivité, ni l'excellence de l'entreprise, ni la réussite financière. Bref, les normes de qualité ne constituent pas les recettes de réussite absolue que certains semblent attendre. De plus, elles ne répondent pas au désir d'harmonisation des banques de données évoqué par certains des producteurs.

Avantages : les grands donneurs d'ordres réduisent actuellement le nombre de leurs fournisseurs et la certification aux normes ISO 9000 représente de plus en plus un critère de différenciation et de qualité pour ces mêmes donneurs d'ordres. L'utilisation d'un tel référentiel représenterait donc un atout dans la négociation de certains marchés, particulièrement les marchés publics.

Inconvénients : l'apport méthodologique des normes de qualité représente un cadre général nécessitant un travail préliminaire d'adaptation pour chaque producteur.

– Dans un souci de cohérence professionnelle, l'utilisation des travaux existants et des savoir-faire en matière de qualité, et plus particulièrement de qualité des banques de données, pourrait être envisagée par l'ensemble des producteurs de banques de données, dans le but d'élaborer un référentiel commun à tous les professionnels de l'information électronique. Il semble par ailleurs nécessaire que ce référentiel soit approuvé officiellement par des organismes généralistes reconnus de tous : producteurs, utilisateurs-clients, fournisseurs, employés. Il s'agirait d'une mise en commun organisée des savoir-faire que représentent les travaux de l'ADBS, de Carrefours Télématiques et du GFII, les normes ISO 9000 et les critères d'évaluation des différents prix de qualité ; l'apport méthodologique de chacun des organismes élaborant des critères d'évaluation des banques de données constitue en effet une masse importante de réflexion. Il serait intéressant de formaliser cette somme de réflexions sous la forme d'un référentiel commun aux professionnels de l'information électronique. Un groupe de travail constitué par un membre de chacun des organismes cités ci-dessus, de professionnels de l'information électronique (producteurs et serveurs) et d'utilisateurs finals pourrait ainsi être rapidement mis en place au niveau national.

Avantages : ce référentiel commun à tous les professionnels de l'information électronique serait reconnu de tous et constituerait ainsi un outil de travail concret et pratique, directement utilisable par les professionnels.

Inconvénients : cette démarche demande des moyens considérables pour mobiliser l'ensemble de la profession. De plus, de tels travaux nécessitent d'y passer du temps...

– Enfin, on peut éventuellement envisager la création de référentiels par domaines d'activités : les «sous-référentiels» ; en effet, chaque banque de données possède ses propres spécificités et les critères de qualité d'une banque de données juridique diffèrent de ceux d'une banque de données d'information boursière par exemple. La mise en place de tels référentiels serait souhaitable en complément d'un référentiel commun à tous les professionnels de l'information électronique. Cette solution découlant de la précédente ne peut être envisagée que dans le cadre d'un travail d'ensemble.

Avantages : ces «sous-référentiels» seraient à l'image des spécificités de chaque domaine d'activité et présenteraient l'avantage non négligeable d'être d'une très grande précision. Ils constitueraient, eux aussi, un outil de travail concret et fiable.

Inconvénients : les remarques sont les mêmes que dans le cas précédent : cette solution nécessite du temps et des moyens.

L'adaptation de référentiels et la formalisation des savoir-faire en collaboration avec des organimes reconnus pour leur sérieux sont devenues un impératif de survie. Une telle démarche ne peut être isolée et nécessite une participation active et pluripartite : c'est une question de survie pour l'ensemble de la profession si elle veut acquérir une plus grande confiance de la part de ses utilisateurs et redorer son image de marque vis-à-vis du public.

- *Le choix d'un (ou de plusieurs) organisme(s) certificateur(s)* est primordial. Il devrait en priorité être motivé par les utilisateurs-clients. Il est nécessaire que ceux-ci connaissent l'organisme et sa réputation de sérieux : il s'agit d'une condition nécessaire pour garder et gagner la confiance des clients. Une règle générale semble difficilement applicable, car les utilisateurs ont par définition des origines culturelles et sociales très diverses et une enquête auprès des utilisateurs pour connaître leurs critères de choix en termes de label serait très utile. Quoiqu'il en soit, en l'absence d'enquête de ce type à ce jour, plusieurs solutions sont envisageables :

- l'organisme certificateur est un organisme officiel, connu au niveau national et international : la majorité des utilisateurs a en effet entendu parler de la marque NF, par exemple et une estampille NF sur un produit représente toujours un gage de qualité ;
- l'organisme certificateur est un organisme professionnel (ADBS par exemple) reconnu par les professionnels de l'information, sous-traitant d'un organisme officiel (ou de plusieurs organismes) connus du public (AFNOR et/ou AFAQ par exemple) et habilité par ce(s) dernier(s) à délivrer une certification en son nom (certification mixte ADBS/AFNOR) ;

- il est par ailleurs possible d'envisager la création de comités d'évaluation et de labellisation constitués d'utilisateurs existants et potentiels. Cette solution pourrait être envisagée individuellement par chaque producteur : elle permettrait d'améliorer le dialogue avec ses clients et de faire participer ces derniers à l'amélioration de la qualité sans engager de gros moyens pour l'entreprise. Cette éventualité, qui présente l'avantage non négligeable d'être souple, pourrait constituer une démarche préalable et complémentaire à une certification de type «officiel».

Pour l'ensemble de la profession, l'idéal serait sans doute une certification du système qualité de l'entreprise dont les critères d'évaluation auraient été définis par une commission pluripartite, accordée par l'ADBS au nom de l'AFNOR. Cette certification présenterait ainsi le double avantage d'être reconnue et approuvée par les professionnels, et d'être un gage de qualité et de confiance pour le client-utilisateur quel qu'il soit.

Conclusion

A la lumière de notre enquête auprès des différents producteurs concernant leur démarche et leur politique qualité, il nous paraît envisageable de proposer trois phases d'action en faveur du développement de l'outil qualité chez les producteurs de banques de données. Ces trois phases de développement représentent, pour tous les professionnels de l'information et de la documentation concernés qui le désirent, une occasion d'intervenir dans un processus de marketing et de valoriser ainsi leur savoir-faire, en divulguant et en formalisant leurs connaissances, en animant des groupes de travail dans leur entreprise par exemple. Ce travail de mise en place d'un état d'esprit et de prise de conscience élargirait ainsi le champ d'action qui leur est traditionnellement octroyé.

Première phase : prise de conscience. Il est urgent d'informer, de faire le point, voire d'«évangéliser» les producteurs sur la démarche qualité totale englobée dans une stratégie de marketing. La majorité d'entre eux n'a qu'une idée très vague sur la question et un simple contrôle de la qualité des données peut devenir catastrophique dans une économie de marché de plus en plus impitoyable pour les plus faibles.

- Les acteurs de cette étape : organismes et associations de professionnels de l'information.

- Les outils et véhicules de communication : congrès, séminaires, formations, journées professionnelles, communications dans des revues spécialisées, participation à des salons...

Deuxième phase : communication du savoir-faire. Sceptiques quant aux résultats et aux enjeux de la qualité, les producteurs attendent des résultats concrets. Les exemples donnés par la société Infomat en Grande-Bretagne ou la banque de données Mind en Allemagne devraient être suivis.

- Les acteurs : producteurs et serveurs de banques de données ayant mis en place, formalisé et analysé leur démarche qualité (l'INIST par exemple pourrait être l'instigateur du mouvement).

- Les outils : congrès, séminaires, journées professionnelles, communications dans les revues spécialisées, participation à des salons, interventions au cours de journées de formation...

Troisième phase : constitution de référentiels par une commission pluripartite constituée de producteurs et de serveurs, d'utilisateurs finals, de professionnels de l'information et d'organismes institutionnels ou non, afin de mettre en place un référentiel spécifique aux banques de données professionnelles, s'appuyant à la fois sur les normes existantes et sur des cas concrets et réussis de démarches abouties en matière de qualité. Dans un esprit de continuité par rapport aux travaux de l'ADBS, ce guide professionnel devrait constituer un manuel de référence concret et fiable pour les entreprises désireuses de se lancer dans un processus de démarche qualité totale et/ou de certification. La cohésion et l'organisation des professionnels deviennent en effet désormais des impératifs face au chaos et au danger que représentent notamment les autoroutes de l'information.

Les acteurs : associations de professionnels de l'information, professionnels de l'information, utilisateurs, organismes (GFII, AFNOR, AFAQ, GESTE, Carrefours Télématiques, ADBS, etc.)

Dans un tel contexte de démarche marketing englobant la démarche qualité, de cohésion et de participation de tous à l'organisation d'un tel processus, toutes les formes de certification seront considérées comme de simples outils intégrés dans un ensemble cohérent, et la question suivante : «dans le futur une entreprise sera-t-elle en péril si elle n'est pas certifiée ou suffira-t-il d'établir ses propres normes de qualité et de laisser le marché décider ?», évoquée par Alan Smith[114] ne devrait plus se poser en ces termes. Les normes, quelles qu'elles soient, sont un outil de mise en place de méthodes, et une entreprise pratiquant une démarche qualité et visant l'amélioration constante de ses services - qu'elle soit certifiée ou non - devrait pouvoir observer le marché de façon sereine.

---

114 Notice N64 : Alan Smith.- Are we at the mercy of quality ?...

Annexe A

***

Bibliographie analytique

(arrêtée au 15 août 1994)

Remarques préliminaires

◆ Les notices bibliographiques qui suivent sont rédigées selon la norme NF Z 44-005. Elles sont classées par thème. A l'intérieur de chaque thème, le classement se fait par ordre alphabétique d'auteur. Si dans la même rubrique plusieurs références ont été écrites par le même auteur, les références sont alors classées par ordre alphabétique de titre. Enfin, quelques références n'ont pas d'auteur : celles-ci sont alors placées en fin de liste, par ordre alphabétique de titre.

◆ Dans un souci d'apport novateur et d'actualité, n'ont été pris en compte dans cette bibliographie que les documents parus depuis 1992, un état de l'art ayant été effectué auparavant dans les synthèses très complètes sur la question[115].

◆ De plus, et afin d'éviter les redondances, n'ont été retenus que les écrits apportant un plus par rapport au sujet : expériences originales, nouveaux concepts, etc. Les nombreuses synthèses définissant la notion de qualité par exemple n'ont pas été prises en compte.

◆ Ont été écartés la plupart des écrits d'origine principalement américaine sur la démarche de management de la qualité appliqué aux bibliothèques ; en effet, cette littérature abondante ne serait pas pertinente, vu les spécificités des banques de données.

115 Notices N1 : ADBS.- La démarche qualité : application aux services électroniques d'information..., N25: ADBS ; GFII.- Produits et services d'information électroniques accessibles au public professionnel..., N4 : Eric SUTTER.- Services d'information et qualité...

◆ Une des difficultés majeures de la «récolte bibliographique» réside dans le fait que de nombreux écrits sont parus dans la presse spécialisée anglaise et/ou américaine dont l'accès n'est pas toujours aisé, surtout lorsqu'il s'agit de littérature grise... Ainsi, dans l'état actuel de la bibliographie, quelques documents primordiaux n'ont pu être analysés. D'autre part la fermeture de certaines bibliothèques et/ou centres de documentation a représenté un handicap important pour ce travail (fermeture de la bibliothèque du CNAM en août, fermeture au public du service «Sciences de l'information» de la médiathèque de la Villette, fermeture du centre de documentation «Qualipromo» au mois d'août, heures d'ouverture limitées du centre de documentation de la bibliothèque Buffon). Cette bibliographie n'est donc pas exhaustive.

Les lieux sources de recherche bibliographique ont été les suivants :

- Centre de ressources documentaires - INTD - 2, rue Conté - 75003 PARIS

➜ Centre de documentation sur les sciences de l'information / Banque de données BBIN.

- Bibliothèque du Conservatoire National des Arts et Métiers (CNAM) - 292, rue Saint Martin - 75141 PARIS Cedex 03.

➜ Nombreux ouvrages sur la qualité en milieu industriel - Normes.

- Mouvement Français pour la Qualité (MFQ) - 5, esplanade Charles de Gaulle - 92733 NANTERRE Cedex.

➜ Centre de documentation sur la qualité ouvert au public du lundi au vendredi de 9 heures à 16 heures.

Remarque typographique : le ☞ précédant une notice en italique symbolise l'annonce des critères qui ont motivé le choix de la référence citée.

I/ Synthèses - ouvrages de base concernant la qualité et la qualité appliquée aux services d'information

N1 - Association des professionnels de l'information et de la documentation (Paris). Groupe Qualité des banques de données.- La démarche qualité : application aux services électroniques d'information.- Paris : ADBS éditions, 1992.- 100 p.- (Collection Sciences de l'information, série recherches et documents).- ISBN 2-901046-47-9.

L'industrie de l'information ne peut se soustraire aux exigences de la démarche qualité qui s'est imposée dans l'ensemble des activités industrielles. Pour aider les producteurs de banques de données à éliminer les dysfonctionnements, et pour éviter aux futurs producteurs les mécomptes de leurs prédécesseurs, il est proposé une application de la démarche qualité à la conception, au développement et à la diffusion des services électroniques d'information.

☞ *Ouvrage de base complémentaire de l'ouvrage de synthèse «Services d'information et qualité : comment satisfaire les utilisateurs» d'Eric Sutter* [116]*. Grilles de questions pratiques très utiles dans l'élaboration du questionnaire destiné aux différents producteurs à interviewer dans le cadre de cette étude.*

N2 - CRUCHANT, Lucien.- La qualité.- Paris : Presses Universitaires de France, 1993.- 127 p.- (Que sais-je ? ; 2779).- ISBN 2-13-045645-6.

Les notions de base sont définies, ainsi que les enjeux et les objectifs de la qualité. Un historique est dressé, les normes sont examinées. Un chapitre entier est consacré au management de la qualité et à la notion actuelle de «qualité totale».

☞ *Ouvrage d'une grande clarté sur la qualité en général*

N3 - GOGUE, Jean-Marie.- Management de la qualité.- Paris : Economica, 1993.- 110 p.- (Gestion poche ; 4).- ISBN 2-7178-2545-2.

Il est impossible de gérer une entreprise sans tenir compte des exigences de la qualité. Pour y parvenir, les comportements et les méthodes de travail doivent être modifiés. L'accent est mis sur le rôle fondamental de la direction générale et un panorama complet des méthodes de management de la qualité est dressé.

☞ *Ouvrage de base sur le management de la qualité*

---

[116] Notice N4

N4 - SUTTER, Eric.- Services d'information et qualité : comment satisfaire les utilisateurs.- Paris : ADBS éditions, 1992.- 153 p.- (Collection sciences de l'information ; série études et techniques).- ISBN 2-901046-44-4.

Les activités documentaires ne peuvent échapper aux méthodes actuelles de management et notamment au management de la qualité pour mieux satisfaire leurs utilisateurs. Sont présentés une introduction aux concepts, ainsi que les outils et les méthodes pour mettre en œuvre cette politique. Pour la première fois est exposée la démarche qualité à la lumière des spécificités de l'information documentaire.

☞ *Ouvrage de base faisant le point sur la question et sur l'état actuel des travaux de normalisation. Bibliographie abondante. Nombreuses adresses utiles à cette étude.*

II/ La qualité : historique, concepts et outils

N5 - ARNOLD, Stephen E.- Information manufacturing : the road to database quality.- *Database*, October 1992, p. 32-39.

Stephen E. Arnold distingue quatre différentes étapes dans l'histoire de l'industrie des banques de données de 1965 à 2001 : lors de la phase 1997-2001, la qualité deviendra une réalité tangible. Une typologie (trois types différents) des industriels de l'information est également avancée. Une tentative de définition de la qualité est par ailleurs envisagée dans cet article.

☞ *La tentative de dégager une typologie, ainsi que la projection dans le futur sont intéressantes.*

N6 - BOUTHILLIER, France.- La qualité totale et la qualité des services dans les bibliothèques.- *Argus*, hiver 1992, vol. 21, n° 3, p. 29-31.

Dans les années 90, améliorer la qualité des produits et des services à un coût concurrentiel est devenu un impératif. Cet article replace tout d'abord ce concept dans le contexte des années 80 puis précise ce que recouvrent les termes de qualité totale et de qualité des services suivant les différentes théories (Deming, Ishakawa, Crosby, Kelada). Les caractéristiques des services documentaires sont ainsi définies : intangibilité, hétérogénéité, aspect périssable et participation du client dans le processus de production. Compte tenu de la nature des services, il est difficile d'introduire une approche commune de la qualité totale : il serait plus juste de parler de processus continu d'amélioration des services, proche des conceptions de Deming.

☞ *Intéressant pour l'aspect historique du concept de qualité. Définition des spécificités des services d'information.*

N7 - BROCKMAN, John R.- Just another management fad ? The implications of TQM for library and information services.- *Aslib Proceedings*, July-August 1992, vol. 44, n° 7/8, p. 283-288.

Le développement du concept de qualité a entraîné une confusion terminologique que les associations de normalisation internationales (ISO) ont tenté de formaliser. Trois termes sont ainsi proposés : contrôle qualité / assurance qualité / gestion intégrée de la qualité (TQM) dont l'importance croît depuis 1988. Une vue d'ensemble du développement de ces trois concepts, ainsi que des exemples en Grande-Bretagne (norme BS 5750) et aux Etats-Unis sont évoqués.

☞ *Une définition de différents concepts de qualité est donnée. De plus, un tableau très intéressant démontre l'augmentation constante de la littérature sur le TQM depuis 1988.*

N8 - DANIEL, Evelyn H.- Quality control of document.- *Library trends*, vol. 41, n° 4, Spring 1993, p. 644-664.

Les documents traitant du concept de gestion de qualité totale appliqué à l'organisation prise comme un tout sont examinés. Cette approche est alors comparée aux mesures de qualité utilisées pour la sélection et l'indexation des documents en vue de leur entrée dans une banque de données, aux méthodes de maintien de la tenue à jour et de la pertinence des banques de données existantes aux techniques utilisées par les professionnels de l'information pour choisir dans les banques de données les informations répondant aux besoins des utilisateurs. Diverses méthodes de filtrage de la qualité à l'entrée, en cours de traitement et à la sortie sont évaluées. Les conclusions de l'étude montrent qu'une approche qualité totale mérite d'être plus largement appliquée à toutes les étapes.

☞ *Analyse des méthodes appliquées dans la production des banques de données. Bibliographie importante à la fin de l'article. Historique de la qualité. Définitions. Terminologie.*

N9 - LAUNO, Ritva.- Knowledge marketing : lean management of quality products.- *FID news bulletin*, vol. 43, November-December 1993, p.262-266.

L'internationalisation et la globalisation du marché impliquent un besoin croissant d'informations. Il s'ensuit donc une nouvelle demande concernant l'accessibilité, la disponibilité et le stockage de l'information. Dans un contexte de récession économique, on demande de plus en plus aux services d'information d'atteindre des objectifs quantifiables, à la fois des critères de productivité et de qualité. Le «*lean management*» consiste en la capacité à donner plus de valeur aux produits en utilisant le moins de ressources possibles. Tout ce qui ne produit pas de valeur ajoutée doit

être abandonné. La qualité est un outil de marketing plein de pouvoir : le marché pardonne beaucoup mais il ne pardonne jamais le manque de qualité.

☞ *Définition d'une notion nouvelle : «lean management».*

N10 - LAWES, Ann.- The benefits of quality management to the library and information services profession.- *Special libraries*, vol. 84, n° 3, Summer 1993, p. 142-146.

Performance et rentabilité seront au centre des priorités dans les années 1990. La gestion de la qualité, conçue comme un contrat entre un fournisseur et ses clients et reposant sur un accord sur des normes de service, fournit la méthode permettant de mesurer le fonctionnement des services d'information. L'assurance qualité prévoit des allocations pour le marketing et les relations publiques, un service aux clients, une amélioration de l'organisation et de l'efficacité à l'intérieur du département et un meilleur moral du personnel. L'attention portée à la gestion de la qualité entraîne une plus grande activité du service bibliothèque et met en valeur le lien vital existant entre les services d'information et le secteur administratif.

☞ *Les avantages à retirer de l'assurance qualité pour les services d'information.*

N11 - OJALA, Marydee.- The dollar sign : quality online and online quality.- *Online*, January 1992, p. 73-75.

Constatant que la presse produit de plus en plus d'articles sur la qualité ainsi que l'apparition de noms de véritables gourous (Deming, Juran, Crosby, Conway) et de termes à la mode (*Total Quality Management*), le marché américain de l'information découvre la nécessité de produire des produits et services de qualité. La mise en place du prix Malcolm Baldrige en 1987 est sans doute à l'origine de cet accroissement d'intérêt pour la qualité. Les objectifs de ce prix sont ici rappelés et un constat est dressé : le secteur de l'information n'a encore produit aucun gagnant de ce prix.

☞ *Objectifs du prix Malcolm Baldrige - Tableau statistique présentant l'occurrence du terme «qualité» dans la banque de données ABI/Inform (Dialog) de 1975 à 1991.*

N12 - QUICK, Graham.- Quality assurance and financial databases. *In*: : On line information 92. Proceedings. 8-10 December 1992, London, England. 16th international information meeting.- London : Learned information LTD, 1992.- p. 57-63.

Les institutions financières utilisent les banques de données pour leurs prises de décision. Le choix des banques de données est très important : il faut que celles-ci soient rapides, précises et fiables. Les activités d'assurance qualité chez les producteurs de banques de données sont un facteur clé dans le choix des financiers : la qualité dépend de la fiabilité des sources, la validation des systèmes, la formation du personnel et la constante surveillance des équipes. Le processus de qualité, bien

qu'engendrant des coûts, ajoute de la valeur aux données originales brutes et instaure un climat de confiance entre le client et le producteur de banque de données.

☞ *La pratique de l'assurance qualité dans un domaine particulier : les banques de données financières.*

N13 - SAINT CLAIR, Guy.- Benchmarking, total quality management, and the learning organization : new management paradigms for the information environment : introduction.- *Special libraries*, vol. 84, n°3, Summer 1993, p.120-122.

Une définition du plus nouveau des concepts, celui d'organisation du savoir-faire, est donnée. Les leaders sont responsables de la construction des organisations dans lesquelles les personnes augmentent continuellement leurs connaissances pour modeler le futur. Le management est défini en termes de *leadership.*

☞ *Définition du concept de «learning organization»*

N14 - SAINT CLAIR, Guy.- Benchmarking, total quality management, and the learning organization : new management paradigms for the information environment : a selected bibliography.- *Special libraries*, vol. 84, n° 3, Summer 1993.- p. 155-157.

Cette bibliographie sur le *benchmarking*, le management de la qualité totale et l'organisation de l'apprentissage complète le numéro spécial consacré à ces thèmes. Elle ne reprend pas les documents référencés dans les articles mais se veut un complément pour guider les chercheurs intéressés par un approfondissement de ces sujets.

☞ *Bibliographie relativement exhaustive, complétant les bibliographies d'ouvrages de base.*

N15 - SAINT CLAIR, Guy.- The future challenge : management and measurement.- *Special libraries*, vol. 84, n° 3, Summer 1993, p. 151-154.

Obtenir une participation au management et concevoir des mesures exactes de services sont les deux défis principaux de l'application du *benchmarking*, du management de la qualité totale, et de l'organisation du savoir. L'apport du *benchmarking*, du management de la qualité totale (TQM) dans le management des bibliothèques et services d'information est considérable, ainsi que le rôle du gestionnaire des organismes documentaires dans leur mise en œuvre.

☞ *Benchmarking et qualité totale appliqués aux services d'information : mise au point d'indicateurs de mesure.*

N16 - SUTTER, Eric.- Benchmarking et management de l'information documentaire.- *Documentaliste- Sciences de l'information*, vol. 31, n° 1, janvier-février 1994, p. 44-46.

Le *benchmarking* est une notion qui est née en 1979. Comme l'analyse de la valeur, il s'agit d' une méthode qui fait partie des outils classiques de la démarche qualité. Il s'agit d'un processus permanent d'évaluation des produits, des méthodes et des services par rapport à ceux des concurrents. Cette démarche méthodique se réalisant en plusieurs étapes (connaître son propre fonctionnement, connaître ses concurrents directs, intégrer le meilleur et parvenir à l'excellence) présente un certain nombre d'intérêts pour les fournisseurs d'information.

☞ *Synthèse la plus récente sur le concept de benchmarking appliqué aux services d'information.*

N17 - SUTTER, Eric.- La démarche qualité, facteur d'intégration des activités documentaires dans l'entreprise.- *Cahiers de la documentation*, n° 2, 1994, p. 61-65.

Les ressources informationnelles constituent une composante essentielle dans le développement des entreprises ; encore faut-il que le dispositif de collecte et de traitement de ces ressources soit adapté aux besoins réels du personnel. Pas de qualité totale sans un dispositif informationnel intégré et qui satisfasse les utilisateurs tant en terme de contenu que de forme, c'est-à-dire qui soit lui-même soumis à la démarche qualité.

☞ *La qualit' comme facteur d'intégration et de reconnaissance dans l'entreprise.*

N18 - SUTTER, Eric.- Introduction à la maîtrise de la qualité des services d'information et de documentation. *In* : Workshop on specifying and measuring the quality of information products and services. 8th June 1994.- Luxembourg : European Commission DG XIII/E.- 12 p.

La notion de qualité n'est pas nouvelle pour les professionnels de l'information en France. L'apparition des notions de «qualité totale» et d'«assurance qualité» sont récentes. Depuis 5 ans l'ADBS travaille sur l'adaptation de l'approche industrielle de la qualité au secteur des services d'information et particulièrement aux services d'information électronique, mettant au point une méthode de travail destinée à pouvoir appliquer les normes ISO 9000.

☞ *Communication la plus récente faisant le point sur la position de la France en matière de qualité. Il est intéressant de comparer la position de la France avec celles d'autres pays...*

III/ La pratique de la qualité chez les professionnels de l'information électronique

N19 - ABGOTTSPON, Markus.- Qualität von Online Databanken aus Produzentensicht. *In* : Qualität von Informationsdiensten. Deutsche Gesellschaft für Dokumentation e. V. 7. Internationale Fachkonferenz der Deutschen Gesellschaft für Dokumentation e. V. (DGD) in Zusammenarbeit mit der Gesellschaft für Informatik e. V. (GI). Vom 02 bis 04 Mai 1993 im Garmisch-Partenkirchen, Kongresshaus.- p. 114-128.

La mise en place de la qualité et la constitution d'un véritable réseau de qualité dans une banque de données allemande alimentée par un réseau, MIND, est présentée : ces démarches se sont étalées sur 5 ans, de 1987 à 1992, aboutissant à un système d'assurance qualité. La mise en place de ce processus a été l'occasion pour la société produisant MIND de créer un dialogue avec ses utilisateurs.

☞ *Un cas concret appliqué à un réseau, en Allemagne.*

N20 - ALLAN, Ferne C.- Benchmarking : practical aspects for information professionals.- *Special libraries*, vol. 84, n° 3, Summer 1993, p. 123-130.

Le *benchmarking* est un moyen de mesurer et de comparer les rendements. Il représente une technique importante pour aider les organisations qui veulent pratiquer le management de la qualité totale. Appliquer cette technique dans l'environnement de recherche d'un laboratoire national responsable de programmes dans le domaine de la défense et de l'énergie implique des procédés particuliers : comment l'implication des ressources en information a été conçue de façon unique est ici décrit et le rôle du spécialiste de l'information discuté. En utilisant la méthode habituelle de benchmarking, les composantes de l'information ont été identifiées à chaque étape. Les activités concernées sont indiquées, les leçons apprises et quelques principes généraux sont présentés.

☞ *Le benchmarking appliqué à un service d'information.*

N21 - CRAWSHAW, Sebastian.- Infomat : Building a Quality Organization. *In* : Qualität von Informationdiensten. Deutsche Gesellschaft für Dokumentation e. V. 7. Internationale Fachkonferenz der Deutschen Gesellschaft für Dokumentation e. V. (DGD) in Zusammenarbeit mit der Gesellschaft für Informatik e. V.(GI). Vom 02 bis 04 Mai 1993 in Garmisch-Partenkirchen, Kongresshaus.- Qualität von Informationdiensten.- p. 23-39.

En s'appuyant sur l'exemple de la société Infomat (service de veille concurrentielle), une définition de la qualité ainsi que du management de la qualité totale (TQM) sont données. La présentation montre les différentes étapes (de 1989 à 1992) pour

parvenir au développement et à la maîtrise de ce concept dont la réussite a pu être mesurée par une augmentation du chiffre d'affaires de 18%, et par un ralentissement sensible du «turn over» du personnel. En 1992, Infomat a obtenu l'accréditation selon la norme ISO 9002 / BS 5750. La conclusion tend à dire que ce cas peut être appliqué à toute société, et surtout aux industries de l'information.

☞ *Une rareté : un cas concret et détaillé de mise en place d'une démarche qualité et de ses implications dans un service d'information (Grande-Bretagne).*

N22 - DOLAN, Donna R.- Quality control at the system level.- *Online*, March 1992, p. 30-35.

L'arrivée de la qualité dans le monde des banques de données dans les années 1970 a mis en avant le rôle des qualiticiens. Une réflexion sur le profession de contrôleur et sa relation avec les informaticiens nous est livrée.

☞ *Deux encadrés importants : l'un sur Data-Star et la qualité suisse, l'autre sur Dialog et l'assurance qualité.*

N23 - THIOLON, Catherine.- Un duo «Quali / quanti» : exemple concret d'enquêtes sur les pratiques et attentes des clients d'une banque de données. *In* : IDT 94. Marchés et industries de l'information : gérer l'information pour l'excellence de l'entreprise. Textes de communications. 31 mai - 2 juin 1994, Pa is, France. 11e congrès.- Paris : ADBS ; ANRT ; GFII, 1994.- p. 215-220.

Confrontée à une stagnation de la consommation de sa banque de données, la Documentation Française a fait réaliser une série d'enquêtes de clientèle avec l'aide de spécialistes du marketing. L'aspect méthodologique des enquêtes qualitatives et quantitatives est présenté, ainsi que des renseignements obtenus et les conclusions conséquentes.

☞ *Un cas concret et récent : la banque de données Logos. Ce cas est d'autant plus intéressant qu'un entretien avec l'un des responsables de cette banque de données a eu lieu dans le cadre de cette étude.*

N24 - TRUJILLO, Amado A.- Benchmarking at Sandia National Laboratories.- *Bulletin of the American Society for Information Science*, vol. 20, N° 4, April-May 1994, p. 12-14.

La mise en place d'un processus de *benchmarking* et la méthodologie de ce processus sont exposées par le directeur du département *benchmarking* du laboratoire national Sandia. Ce travail a été soutenu par le Ministère de l'Energie des Etats-Unis.

☞ *Un cas concret : les laboratoire Sandia (Etats-Unis)*

IV/ Who's Who de la qualité : Qui fait quoi ? Les organismes et leurs travaux, les congrès, les prix de qualité et les initiatives individuelles

a - Les organismes et leurs travaux

N25 - Association des professionnels de l'information et de la documentation (Paris) ; Groupement Français de l'Industrie de l'Information (Paris).- Produits et services d'information électroniques accessibles au public professionnel. Evaluation des projets.- Paris : ADBS, 1994.- 9 p.- (Management de l'information ; 1).- ISBN 2-901046-66-5.

Aider le concepteur à identifier tous les éléments susceptibles d'affecter son projet et l'auditeur à vérifier que ceux-ci sont bien pris en compte dans la réalisation du même projet : voici les buts de ce document de pré-normalisation proposé par l'ADBS et le GFII. Aux différents stades d'élaboration d'un service d'information électronique (études, approvisionnement, stockage, production, commercialisation et gestion), la qualité doit être assurée. Une analyse des spécificités des services d'information électronique et la capitalisation d'un certain savoir-faire peuvent aider à éliminer les causes de dysfonctionnements et l'échec, causes de mortalité pour 16 % des banques de données.

☞ *Ouvrage de base complémentaire de l'ouvrage de synthèse : «Services d'information et qualité : comment satisfaire les utilisateurs» d'Eric Sutter*[117] *. Grilles de questions pratiques.*

N26 - CAHN, Pamela.- Testing database quality.- *Database*, vol. 17, February 1994, p. 23-30.

Des tests d'orthographe et de frappe à l'indexation ont été élaborés pour évaluer des banques de données aux Etats-Unis. Ces tests sont décrits dans le détail : les tests de Charles Bourne en 1977 effectués sur 11 banques de données, le «Dirty database test 1» basé sur les pourcentages d'erreurs d'orthographe et de doublons, et enfin le «Dirty database test 2». Les résultats de ces tests sont étudiés et comparés. Mais peut-on élaborer des tests standard ? Il vaudrait mieux que chaque producteur développe ses propres tests spécifiques sans tricher. Une liste des organismes développant des tests est dressée.

☞ *Liste des organismes développant des tests sur les banques de données.*

[117] Notice N4

N27 - DEVEZE, Jean ; DORE, Dominique ; DUCHET, Chantal, *et al.*- Les banques de données sur Minitel : quelles qualités ?.- *Revue française de bibliométrie*, n° 12, octobre 1993, p. 214-245.

L'évaluation des services Minitel doit se faire en fonction des usages réels de la demande et non en termes d'offre. Sont présentés successivement : les banques de données sur Minitel, les utilisateurs de ces services et les problèmes de qualité de ces banques de données.

☞ *Les travaux de Carrefours télématiques.*

N28 - DEVEZE, Jean ; DUCHET, Chantal ; PELACHAUD, Guy.- L'excellence de l'information : une entreprise à gérer. *In* : IDT 94. Marchés et industries de l'information : gérer l'information pour l'excellence de l'entreprise. Textes de communications. 31 mai - 2 juin 1994, Paris, France. 11e congrès.- Paris : ADBS ; ANRT ; GFII, 1994.- p. 210-214.

Une information ne saurait prétendre à l'excellence si elle néglige la manière dont l'utilisateur traite ses propres connaissances, les organise et s'en donne des représentations. Il faut pour cela dresser une cartographie de la constellation sémantique des services proposés aux utilisateurs, appréhender la stratégie d'acquisition d'information de ces derniers, et adapter l'offre informationnelle à cette stratégie.

☞ *Approche originale sémantique, tenant compte des pratiques socio-professionnelles des utilisateurs... Dernière intervention de Carrefours télématiques.*

N29 - GILCHRIST, Alan.- Customer evaluation of systems and services. *In* : Workshop on specifying and measuring the quality of information products and services. 8th June 1994.- Luxembourg : European Commission DG XIII/E, 1994.- 27 p.

Le projet de la DG XIII est présenté : ce projet est une partie d'un programme plus large entrepris par EUSIDIC en coopération avec EUROLUG et GAVEL. L'exercice du management de la qualité est sans objet si l'évaluation n'est pas orientée vers les utilisateurs : les normes ISO 9000 sont explicites à ce sujet. Il en découle la nécessité d'un dialogue permanent avec toutes les interfaces. L'important travail de SCOUG, d'un groupe finlandais et la communication d'un groupe allemand travaillant sur l'information dans le domaine de la chimie sont exposés ; en effet, leurs travaux servent de base de travail et sont proposés comme modèle à utiliser.

☞ *Etat récent en matière d'évaluation de l'information par les utilisateurs (Europe).*

N30 - GILCHRIST, Alan.- Quality management in information services : a perspective on european practice *In* : Qualität von Informationdiensten. Deutsche Gesellschaft für Dokumentation e. V. 7. Internationale Fachkonferenz der Deutschen Gesellschaft für Dokumentation e. V. (DGD) in Zusammenarbeit mit der Gesellschaft für Informatik e. V.(GI). Vom 02 bis 04 Mai 1993 in Garmisch-Partenkirchen, Kongresshaus.- Qualität von Informationdiensten.- p. 92-99.

En Grande-Bretagne, le mouvement de certification pour la qualité rencontre de nombreuses réticences et de vives critiques. Il s'avère nécessaire d'adapter les normes ISO 9000 aux spécificités des services d'information. La qualité de l'information est difficilement mesurable et les Anglais, par conservatisme, sont assez résistants aux concepts d'importation. Dans un climat économique difficile, certains pensent que la recherche de la qualité est un rêve, alors que d'autres y voient une nécessité économique pour survivre. En deuxième partie, un point est fait sur la démarche qualité dans les autres pays européens et une liste des organismes européens de documentation et d'information sensibles à ces problèmes.

☞ *Liste des organismes européens se préoccupant de qualité des services d'information.*

N31 - MAHON, Barry.- The EUSIDIC programme on quality management for the information sector.- p. 212-216. *In* : IDT 93. Marchés et industries de l'information : l'information, intelligence de l'entreprise. Textes de communications. 22-23-24 juin 1993, Paris, France. 10e congrès.- Paris : ADBS ; ANRT ; GFII, 1993.- p. 212-216.

Le concept de qualité est à la mode pour décrire une philosophie du management destinée à s'assurer que les produits et les services correspondent bien aux besoins. L'origine de ce concept développé particulièrement au Japon, vient des industriels. Le secteur de l'information a été, comme bien d'autres, attiré par le concept de qualité comme un moyen de s'assurer les satisfactions des clients, mais les outils et les mesures de qualité utilisés par ailleurs sont difficilement transférables à ce domaine. C'est pour cette raison qu'Eusidic a mis en place un programme de travail pour définir des applications et des techniques applicables aux services et produits d'information.

☞ *Programme de travail et objectifs d'EUSIDIC.*

N32 - SWINDELLS, Norman.- The quality assurance of information products and services : a summary of a report for the European Commission DGXIII/E contract Qualex 93/E.- 3 mars 1994.- 11 p.

Un rapport a été préparé pour la Commission des Communautés européennes DGXIII/E afin d'établir les mêmes règles de qualité pour les fournisseurs

d'information que celles qui sont établies pour les autres sociétés de service. Le concept de qualité, les procédures à mettre en place pour réussir l'assurance qualité et les spécificités du marché de l'information sont décrits. La qualité nécessite un accord entre le fournisseur et le client, déterminant un certain niveau de qualité. La direction doit s'impliquer dans cette politique. Les normes internationales sont étudiées, ainsi qu'une charte de qualité des produits sur laquelle sont indiqués les niveaux de défauts acceptables (AQL). Ce rapport montre que les concepts de qualité et de contrôle qualité qui sont appliqués dans l'industrie peuvent être utilisés pour les produits et services d'information. Il est nécessaire pour y parvenir de définir des spécifications pour chaque niveau des opérations de la société. Il propose une adoption des procédures qui existent déjà, pour lesquelles il manque simplement des lignes de conduite pour l'information. Un code a déjà été mis au point pour les bases de données de matériaux et pourrait servir de modèle.

☞ *Etat de la question au niveau européen. Montre la volonté délibérée de la DGXIII en matière de normalisation de la qualité dans les services d'information et de recherche de solutions spécifiques concrètes.*

N33 - Un code de déontologie pour les brokers en information.- *Infotecture*, n° 283, 5 novembre 1993, p. 6.

L'European Information Industry Association (EIIA), l'European Association of Information Services (EUSIDIC), l'European Information Researchers Network (EIRENE), l'Association Française des Intermédiaires en Information (AFII) et le Deutsche Gesellschaft für Dokumentation (DGD) viennent de publier un code de déontologie dont l'un des objectifs est d'augmenter la qualité du service au client.

☞ *L'information est intéressante : il serait profitable de pouvoir étudier le code de déontologie dont il est fait mention ici.*

N34 - Le GFII veut instituer un guide contractuel à l'usage des professionnels de l'information.- *Infotecture*, n° 281, 6 octobre 1993, p. 5.

Malgré un accord parfois difficile entre les producteurs, les serveurs et les utilisateurs, tous au cours du colloque du 20 septembre 1993 («Information et cadre contractuel») ont la volonté d'instituer un contrôle qualité. Qui définira les critères ? Qui accordera le label ? Alain Bensoussan évoque la possibilité de mettre au point un guide.

☞ *Article informatif sur les activités du GFII.*

b - Les prix de qualité

N35 - BROCKMAN, John R.- Information management and corporate total quality.- *Journal of Information Science*, 1993, vol. 19, n° 4, p. 259-265.

Une études des relations existant entre la gestion de l'information et la qualité totale (QT) d'une société démontre que l'efficacité de la première est considérée comme une exigence pour obtenir la seconde. Les principaux modèles de Qualité Totale (QT) sont donc étudiés dans cette perspective ainsi que les principaux prix accordés tant au Japon qu'aux Etats-Unis. Il apparaît que, dans les critères et les principes de base spécifiés dans ces modèles, les pratiques de gestion de l'information des organisations sont décisives pour arriver à la qualité totale. Cette analyse est illustrée par une étude de cas présentant Corning Incorporated, une entreprise de céramique multinationale, ayant reçu le prix Baldrige de QT. Les différents modèles de Qualité Totale (QT) sont examinés.

☞ *Les grands prix de qualité et les principaux modèles.*

N36 - Le prix français de la qualité.- *Qualité en mouvement*, 1994, p. 24-25

☞ *Critères et modalités du prix français de la qualité 1994.*

c - Les congrès

N37 - CAPURRO, Rafael ; DIETEL, Clauss ; ENDRES-NIGGEMEYER, Brigitte, *et al*.- Beyond information quality.- *Nachrichten für Dokumentation*, vol. 45, n° 2, März-April 1994, p. 67-80.

La qualité de l'information est un concept aux multiples facettes. Ce concept était le thème de la conférence allemande de documentation (Deutscher Dokumentartag) de 1993 qui s'est tenue à Iéna. Deux cas concrets sont décrits : l'élaboration de produits d'information de grande qualité par le magazine «Der Spiegel», ainsi que l'organisation professionnelle de la société Tekom. Enfin, les discussions replacent la qualité de l'information dans son contexte social et éthique.

☞ *Evocation du congrès de Iéna.*

d - Les initiatives individuelles

N38 - JACSO, Peter.- Searching for skeletons in the database cupboard, part I : errors of ommission.- *Database*, February 1993, p. 38-49.

> Les erreurs relevées dans les banques de données (erreurs typographiques, mauvaise orthographe, utilisation de certains champs comme «poubelles»...) ne sont souvent que la partie visible de l'iceberg. Il existe aussi une série d'erreurs invisibles plus difficiles à détecter : les oublis. Les «trucs» pour trouver ces erreurs sont ici décrits dans le but de persuader les producteurs de banques de données de divulguer les résultats de leurs tests.

☞ *Peter Jacso est une autorité en matière de tests de banques de données aux Etats-Unis. Mise en place de tests systématiques éprouvés.*

N39 - JACSO, Peter.- Searching for skeletons in the database cupboard, part II : errors of commission.- *Database*, April 1993, p. 30-36.

> Les erreurs d'inexactitude ou d'inconsistance sont moins dangereuses que les erreurs d'omission. Les techniques présentées pourraient être utilisées par les producteurs pour nettoyer leurs banques de données. Si un individu peut facilement effectuer les tests présentés, pourquoi les producteurs n'en feraient-ils pas autant en publiant leurs résultats ? En réponse à cette question deux problèmes sont soulevés : les mentalités et les coûts.

☞ *Mêmes réflexions que pour la notice précédente.*

N40 - WEBBER, Sheila.- Criteria for comparing news databases. *In* : On line information 92. Proceedings. 8-10 December 1992, London, England. 16th international information meeting.- London : Learned Information LTD, 1992.- p. 537-546.

> Il existe de plus en plus d'initiatives de la part des utilisateurs des banques de données pour évaluer ces dernières. Les serveurs et les producteurs sont de plus en plus sensibles à la qualité, bien que les critères varient selon les types de banques de données et que l'importance donnée à chaque critère dépende aussi du type de recherche.

☞ *Les critères d'évaluation des banques de données de presse. En annexe est jointe une grille des questions distribuée à des serveurs et producteurs de banques de données.*

N41 - WILDEMUTH, Barbara ; DEBLIEK, Ruth ; FRIEDMAN, Charles P.- Measures of searcher performance : a psychometric evaluation.- *Information processing and management*, 1993, vol. 29, n° 5, p. 533-550.

Les mesures de performance des recherches documentaires effectuées classiquement sur les banques de données bibliographiques semblent moins appropriées à l'interrogation sur des banques de données en texte intégral. Les différentes mesures employées sont décrites. Les résultats des mesures et les limites de l'expérience sont commentés.

☞ *Un cas particulier : les mesures de performance des recherches sur les banques de données en texte intégral.*

V/ Le marché de l'information électronique

N42 - Association des professionnels de l'information et de la documentation (Paris) ; Association nationale de la recherche technique (Paris) - Répertoire des banques de données professionnelles 1992.- 14e éd.- Paris : ADBS, 1992.- 454 p.- ISBN 2-901046-42-8.

☞ *Annuaire des banques de données consulté avant chaque entretien.*

N43 - BLANQUET, Marie-France.- L'industrie de l'information.- Paris : ESF éditeur, 1992.- 239 p.-(Systèmes d'information et nouvelles technologies).- ISBN 2-7101-0960-3.

Synthèse récente sur le marché de l'information. Définition des différents types de banques de données. Evolution et stratégies des producteurs.

☞ *Nombreux tableaux tirés d'études récentes sur le marché de l'information.*

N44 - European Commission DGXIII/E (Luxembourg).- Information market observatory : summary results of 1991 user panel survey (second wave).- Luxembourg : Commission of the European Communities, 1992.- 11 p.

☞ *Chiffres et tableaux sur les causes d'annulation aux souscriptions à des banques de données.*

N45 - Groupement Français de l'Industrie de l'Information (Paris).- L'information électronique professionnelle en France : enquête sur l'activité et le marché.- Paris : GFII, 1994.- 21 p.

Les dernières statistiques fournies par le GFII lors du congrès IDT 1994 : le GFII a réalisé au cours de l'année 1994 une enquête sur le marché de l'information électronique en France en 1992. Il s'est appuyé sur les travaux du groupe «indicateurs d'activité», chargé de déterminer les critères propres à rendre compte de l'activité de ce secteur. Réalisée à partir de trois questionnaires, l'enquête a porté essentiellement sur les serveurs et producteurs d'information ASCII, qui très souvent ont diversifié l'accès à leurs fichiers à travers le vidéotex et le CD-Rom.

☞ *Statistiques et tableaux récents sur le sujet qui ne seront publiés qu'en septembre 1994.*

N46 - Les activités des banques de données. *In* : Les services aux entreprises 1994.- Paris : Editeurs de l'information d'entreprise, 1993.- (Secteurs 700).- p. 67-71.

☞ *Chiffres récents concernant le marché des banques de données.*

N47 - L'information électronique dans les centres de documentation.- *L'Européenne de données. Lettre d'information*, n° 10, janvier-février 1994, p. 4-5.

Tableaux récents présentant la satisfaction des utilisateurs à l'égard des sources d'information électroniques et les freins à l'utilisation des médias électroniques.

N48 - Le marché de l'information électronique en chiffres.- *Bases*, n° 94, avril 1994, p.13.

Un avertissement de l'auteur : les chiffres ne sont pas toujours récents, ne correspondent pas à la même période de référence, et sont parfois contradictoires ; en effet, le contenu de ce qui est appelé l'information électronique n'est pas toujours le même. Parfois se produisent des doubles comptages...

N49 - Questel : nouvelles banques.- *Bases*, n° 87, septembre 1993, p. 7.

Des écarts importants ont été constatés d'un serveur à l'autre concernant la distribution des données du producteur Dun & Bradstreet. Ces écarts ne sont pas expliqués par le producteur.

☞ *Une référence anecdotique concernant la disqualité.*

VI/ Qualité et certification

N50 - Association Française pour l'Assurance de la Qualité (Paris).- L'AFAQ en chiffres.- *La lettre de l'AFAQ*, n° 4, janvier 1994, p. 4.

☞ *Evolution du nombre de certificats délivrés et répartition des certificats AFAQ par secteur.*

N51 - Association Française pour l'Assurance de la Qualité (Paris).- L'AFAQ en chiffres.- *La lettre de l'AFAQ*, n° 3, octobre 1993, p. 4.

☞ *Motivations des entreprises pour une certification AFAQ.*

N52 - Association Française pour l'Assurance de la Qualité (Paris).- L'AFAQ en chiffres.- *La lettre de l'AFAQ*, n° 1, février 1993, p. 4.

☞ *Evolution du nombre de certificats, évolution du nombre des demandes de certification, répartition des certificats par secteurs d'activité.*

N53 - Association Française de Normalisation (Paris).- Gérer et assurer la qualité.- 4e éd.- Paris : AFNOR, 1992.- 2 vol., 769 p.- ISBN 2-12-215040-8.

Définition des concepts et terminologie de la qualité, management et assurance de la qualité, lignes directrices pour les services : NF X 50-120 (= ISO 8402) / NF EN 29004 (= ISO 9004) / NF X 50-122-2 (= ISO 9004-2).

☞ *Ouvrage de référence et outil de base pour cette étude.*

N54 - BRUNE, Alain.- La certification clé d'un nouvel essor économique.- Paris : Ministère de l'Industrie, des Postes et Télécommunications et du Commerce Extérieur, 1993.- 97 p.

La qualité est non seulement un gage de confiance, mais aussi un paramètre essentiel de compétitivité, de pérennité et de développement pour les entreprises. Les différents types de certification sont abordés. La France possède des atouts en matière de qualité mais également des faiblesses. Des remèdes sont évoqués pour parer à ces faiblesses.

☞ *Synthèse des avantages et des inconvénients du système français de certification.*

N55 - CHOVÉ, Jacques.- Concepts généraux de la qualité et normes internationales Iso 9000.- *Enjeux*, n° 131, février 1993, p. 57-64.

La définition de la qualité dépend du point de vue où l'on se place : client, production, entreprise, société. Mais ces points de vue sont liés entre eux. Le système qualité et le système entreprise sont des systèmes humains, ouverts aux éléments instables, donc complexes. L'entreprise est un système ayant pour finalité l'accomplissement de son projet. Le rôle des cadres est d'encourager l'exercice de la responsabilité. Le système qualité a pour finalité première la satisfaction des clients et utilisateurs des produits de l'entreprise. Le système qualité est en relation avec le système entreprise. L'assurance de la qualité est le résultat des dispositions prises par l'entreprise pour donner confiance dans sa capacité à satisfaire les besoins de ses clients. Le cycle d'action pour lequel chacun des membres de l'entreprise est concerné est le suivant : évaluation de la situation, fixation des objectifs, préparation, exécution. Le management doit créer les conditions de motivation. De plus, ce dispositif doit être complété par la pratique d'audits qui ont vocation à apporter l'objectivité. La norme ISO 9004 est un guide pour la mise en place et le management d'un système qualité. La valeur des normes ISO 9000 réside dans la dynamique qu'elles confèrent au système qualité et à la capacité qu'elles lui donnent de détecter les écarts, à les corriger, à les prévenir. Ces normes ne sont pas spécialisées par secteurs d'activités.

☞ *Article synthétique sur les concepts développés dans les normes internationales ISO 9000. Point de vue de l'AFNOR.*

N56 - FOUQUET, Claude.- ISO 9000 : le nouveau millésime est prêt.- *Enjeux*, n° 145, juin 1994, p. 20-22.

Le nouveau millésime ne présente pas de bouleversements au système actuel. Ces normes ne devraient connaître leur vraie révolution que dans 6 ans. L'assurance qualité n'est pas un gadget ni un argument commercial : c'est une véritable démarche qui doit s'appuyer sur de nombreux outils dont la mise en place d'une véritable politique de normalisation dans l'entreprise. Les experts de l'ISO regroupés au sein du comité technique 176 doivent repenser l'esprit des textes d'ici l'an 2000 et y intégrer les paramètres d'une approche «qualité globale».

☞ *Les coûts de l'assurance qualité et les difficultés rencontrées par les entreprises pour la mise en œuvre des normes.*

N57 - Groupement des Editeurs de Services Télématiques (Paris).- Démarche qualité «Point bleu».- Paris : GESTE, 1994.- 19 p.

Cette charte de qualité a été adoptée par les membres de GESTE (71 membres) le 30 mars 1994. Cette démarche concrète est basée sur le principe de l'adhésion volontaire et sa finalité est de valoriser des services de qualité. Dans l'esprit de la charte, le

service rendu ne doit pas être inférieur au service promis. Des recommandations spécifiques sont données par catégories de service.

☞ *Initiative privée de certification professionnelle.*

N58 - HENRY, Loïc.- Certification et prestation de services.- *Enjeux*, n° 125, mai-juin 1992, p.52-53.

Un bref résumé de l'esprit des normes ISO 9000, et plus particulièrement de la norme ISO 9004, qui donnent des lignes directrices pour faciliter la mise en place d'un système qualité dans les entreprises de service.

☞ *Mêmes remarques que pour l'article de Jacques Chové (N55).*

N59 - JENSEN, Poul Buch.- Guide d'interprétation des normes ISO 9000.- Paris : AFNOR, 1994.- 154 p.- ISBN 2-12-465004-1.

Afin de tirer un maximum de profit des normes ISO 9000, celles-ci sont analysées et commentées. De nombreux exemples permettent d'éclairer de façon pratique et concrète le parcours conduisant à la qualité totale.

☞ *Les normes ISO 9000 dans la pratique. Nombreux tableaux et schémas.*

N60 - JOHANSSEN, Carl Gustav.- Umsetzung von TQM bei Informationsdiensten. *In* : Qualität von Informationsdiensten. Deutsche Gesellschaft für Dokumentation e. V. 7. Internationale Fachkonferenz der Deutschen Gesellschaft für Dokumentation e. V. (DGD) in Zusammenarbeit mit der Gesellschaft für Informatik e. V. (GI). Vom 02 bis 04 Mai 1993 im Garmisch-Partenkirchen, Kongresshaus.- p. 147-160.

On parle beaucoup de TQM chez les dirigeants mais très peu d'entre eux entament les démarches pour entrer dans une procédure de certification. Les limites des normes ISO 9000 sont examinées dans un premier temps. Ensuite sont donnés les résultats d'une enquête effectuée en 1992 auprès de 23 administrateurs de services d'information au Danemark. Un rapide sondage est également effectué dans la salle...

☞ *Utile pour comparer avec la réalité de la certification en Europe. Quelques chiffres.*

N61 - NACIRI, Khalid ; SUTTER, Eric.- Les normes ISO 9000 s'appliquent-elles aux services d'information ?. *In* : IDT 93. Marchés et industries de l'information : l'information,

intelligence de l'entreprise. Textes des communications. 22-23-24 juin 1993, Paris, France. 10e congrès.- Paris : ADBS ; ANRT ; GFII, 1993.- p.179-184.

Les normes ISO 9000, particulièrement la norme ISO 9004, s'appliquent à tous les types de services ; en effet les services ont tendance à s'industrialiser, c'est-à-dire à décomposer les services en éléments standards reproduisibles et insérables dans un processus. D'où une tendance à standardiser et à normaliser les «produits-services». La normalisation par le biais de la norme ISO 9004 est à considérer comme un outil de gestion de la qualité destiné à mieux satisfaire les utilisateurs.

☞ *Les normes comme facteur d'industrialisation des services d'information.*

N62 - NAPOLITANO, Georges ; LAPEYRE, Jean.- La certification des services.- Paris : Les éditions d'organisation, 1994.- 156 p.- ISBN 2-7081-1661-4.

La certification est un enjeu considérable de l'économie. Si l'objectif certification du service est un acte de motivation fort pour le personnel et pour les responsables, cette garantie de l'assurance qualité ne s'improvise pas ; il faut que l'état d'esprit soit partagé par tous et ensuite provoquer une dynamique d'amélioration des prestations. Une progression est proposée, ainsi que des astuces pour mener les services jusqu'à la certification.

☞ *Qualité et certification appliquées aux sociétés de services.*

N63 - NORTON, Bob ; ELLIS, Debbie.- Implementing BS 5750.- *Aslib information*, vol. 21, n° 6, June 1993, p. 242-245.

Après avoir démonté les arguments des adversaires de la normalisation, l'auteur analyse les différentes étapes du processus de labellisation tout en en montrant les bienfaits pour les services de bibliothèques

☞ *Analyse des avantages de la certification pour les services d'information.*

N64 - SMITH, Alan.- Are we at the mercy of quality ?.- *Aslib information*, vol. 21, n° 6, June 1993, p. 240-241.

En Grande-Bretagne, la British Standard Institution (BSI) est responsable de la publication des normes et de la norme BS 5750 (qualité). La qualité totale est plus une culture qu'une norme. L'équivalent international est la norme ISO 9000 (équivalent européen EN 29000). Obtenir la certification est devenu un objectif, mais certaines sociétés, particulièrement les petites qui réclament la définition d'une nouvelle norme, se plaignent de la bureaucratie du système. Les coûts élevés de certification sont également évoqués (coût moyen de la certification : 15 000 £). Le management total de la qualité a lui aussi ses adversaires : on prétend que certaines

sociétés qui ont reçu des prix qualité ne sont pas toujours des exemples financiers. La qualité est un objectif. Mais s'agit-il d'une mode ou de quelque chose de vital pour le développement de l'entreprise ? Ne suffit-il pas à l'entreprise de définir ses propres normes de qualité ?

☞ *Développement des arguments des adversaires de la normalisation.*

N65 - Le GESTE propose une charte de qualité des services.- *Solutions télématiques*, n° 20, janvier 1994, p. 20-21.

Le GESTE (Groupement des Editeurs de Services Télématiques) vient d'adopter les premiers points de sa charte de qualité des services télématiques : une interview de Luc Parlier, délégué général de l'association, présente les principes de base qui ont régi la rédaction de la charte. L'étape suivante est la constitution d'une organisation : l'Office Professionnel pour la Qualité et la Rapidité des Services Télématiques (OPQRST) chargé d'attribuer un label de qualité («Point bleu») aux éditeurs qui respectent les critères énoncés dans la charte. La démonstration rigoureuse d'une télématique de qualité est une des conditions de la poursuite du développement de ce média.

☞ *Article informatif préliminaire à un échange d'informations avec le GESTE (N57).*

Dernières parutions... Dernières lectures

N66 - Le programme européen IMPACT.- *ADBS-Informations*, n° 289, septembre 1994, p. 3

N67 - HERGET, Josef.- Cost of (non-)quality - Why it matters for information providers.- 1994.- 10 p.

Projet du texte sur les coûts de la qualité et de la non-qualité. Cette communication devrait paraître prochainement dans les actes du séminaire sur les spécificités de la qualité des services et produits d'information qui s'est tenu le 8 juin dernier au Luxembourg.

☞ *Etude de cas concrets chez deux producteurs de banques de données : Infomat et la société «Beta».*

Index des auteurs

(Les numéros renvoient aux notices bibliographiques)

Index des revues

(Les numéros renvoient aux notices bibliographiques)

Quelques remarques bibliométriques

Sur un nombre total de 67 références bibliographiques écrites par 55 auteurs différents (cf. index des auteurs, pages 138 à 140), 34 références sont en français et 33 références sont en anglais ou en allemand.

➽ **Nombre de références par auteur** : les auteurs les plus «productifs»

Eric Sutter	**5**
AFAQ	3
ADBS	3
Guy Saint Clair	3

Nous attirons l'attention du lecteur sur le fait suivant : cette bibliographie n'est absolument pas exhaustive et nous n'avons pu obtenir l'accès à de nombreuses publications étrangères. Ce tableau n'est sans doute significatif que pour la France.

➽ **Les périodiques se préoccupant de «qualité»**

Special libraries	**5**
Database	4
Enjeux	3
La lettre de l'AFAQ	3

Ce «palmarès» ne surprend pas : d'une part, les Britanniques sont en train de mettre en place la certification aux normes ISO 9000 dans certaines bibliothèques et cette mise en œuvre fait couler beaucoup d'encre, d'autre part les Américains décrivent leurs techniques

de tests des données dans la revue *Database*. Quant aux revues *Enjeux* et *La lettre de l'AFAQ* publiées respectivement par l'AFNOR et l'AFAQ, il paraît évident que celles-ci figurent dans une étude où il est question de normes et de certification...

➽ Les qualiticiens mis à part, les auteurs français spécialistes des sciences de l'information les plus cités dans le texte de cette étude sont des organismes ou des individus s'exprimant au nom d'organismes (Eric Sutter s'exprime très souvent au nom de l'ADBS) :

Eric Sutter	**9**
GFII	8
ADBS	7

Les auteurs étrangers spécialistes en sciences de l'information les plus cités échappent à toute observation permettant de dégager une typologie :

Marydee Ojala, consultant	3
J. R. Brockman, bibliothécaire	3
Pamela Cahn	3

➽ Nous ne connaissons malheureusement pas la profession et/ou les fonctions de chacun des auteurs de cette bibliographie. Malgré tout, quelques observations ont pu être faites concernant les fonctions des auteurs cités : sur les 55 auteurs, 18 sont des organismes, ou des individus s'exprimant au nom d'organismes de professionnels (33 %). Les consultants (8 = 15 %) et les professeurs-chercheurs (9 = 16 %) sont bien représentés. Par contre très peu (5 = 9 %) de professionnels «de terrain» (documentalistes, bibliothécaires, producteurs, etc.) semblent désirer communiquer leur expérience dans le domaine de la qualité... Faute de temps ?

Annexe B

***

Grille d'entretiens

Enquête sur la démarche et la politique qualité

Merci de bien vouloir remplir ce questionnaire

Si vous préférez avoir un entretien sur le sujet, merci de me contacter au 43 31 78 70

Nom de la société

....
....
....

2 **Nom de la personne enquêtée**

....
....

3 **Fonction de la personne enquêtée**

....
....

4 **Secteur public ou secteur privé ?**

- ☐ secteur public
- ☐ secteur privé
- ☐ autre

5 **Nombre de banques de données et types (en ligne, vidéotex, CD-ROM)**

....
....
....

6 **Nombre de documents traités** / an

....
....
....

7 **Nombre de personnes travaillant en rapport avec la (les) BDD**

....
....
....

8 **Quelle est votre définition de la qualité ?**

....
....
....
....
....
....
....

Quelles normes de qualité connaissez-vous ?

....
....
....
....
....
....
....

0 **Votre entreprise possède-t-elle certaines de ces normes ?**

....
....
....
....

1 **Connaissez-vous les organismes suivants ?**

- ☐ AFNOR
- ☐ EUSIDIC
- ☐ MFQ
- ☐ AFAQ
- ☐ ADBS
- ☐ AFAV
- ☐ Carrefours télématiques
- ☐ DGXIII
- ☐ Geste
- ☐ GFII
- ☐ DGD
- ☐ FID
- ☐ Autre

(Réponses simultanées possibles : 13)

12 **Connaissez-vous les revues suivantes ?**

- ☐ Enjeux
- ☐ Bases
- ☐ Autre

(Réponses simultanées possibles : 3)

13 **Participez-vous à des congrès sur la qualité ?**

....
....
....
....

14 **Qui est l'instigateur de la démarche qualité dans l'entreprise ?**

....
....

....
....

15 **Qui s'occupe de la qualité dans l'entreprise ?**

....
....
....
....
....
....
....

16 **Connaissez-vous vos utilisateurs ?**

....
....
....

17 **Comment les connaissez-vous ?**

- ☐ Enquêtes
- ☐ Questionnaires
- ☐ Réunions
- ☐ Club d'utilisateurs
- ☐ Autres

(Réponses simultanées possibles : 5)

18 **Quelle est la fréquence de ces enquêtes (ou rencontres) ?**

....
....
....

19 **Description de vos pratiques quotidiennes de contrôle qualité**

....
....
....
....
....
....
....
....

20 **Existe-t-il des cercles de qualité dans l'entreprise ?**

- ☐ oui
- ☐ non
- ☐ autre

21 **Et des grilles d'auto-évaluation ?**

....
....
....

2 **Tableaux de bord et indicateurs de qualité ont-ils été mis en place ?**

3 **Un manuel de qualité ?**

4 **Depuis quand existe la (les) BDD ?**

5 **Une étude préalable a t-elle été menée ?**

6 **Quel est le coût de la qualité pour l'entreprise ?**

7 **Et le coût de la non qualité ?**

8 **Seriez-vous favorable à une labélisation ?**

- ☐ oui
- ☐ non
- ☐ nsp

9 **Si oui, de quel type ?**

- ☐ AFNOR/ISO
- ☐ Initiative privée
- ☐ Autre

0 **Pensez-vous qu'un label de qualité soit un plus pour la profession ?**

. . . .

1 **Passez-vous des contrats qualité avec fournisseurs et sous-traitants ?**

. . . .
. . . .
. . . .
. . . .

2 **Quels sont les services "plus" de votre (vos) banque(s) de données (profils,** hot-line...)

. . . .
. . . .
. . . .
. . . .
. . . .

3 Quelles sont les heures d'accès à vos BDD ?

. . . .
. . . .
. . . .

OUVRAGES PARUS A L'ADBS
SUR LE THEME DE LA QUALITE

Collection Sciences de l'information

• Série Etudes et techniques

Pratique du management de l'information : analyse de la valeur et résolution de problèmes, par Jean Michel, en collaboration avec Eric Sutter ; préface de Michel Crozon. 1992

Services d'information et qualité : comment satisfaire les utilisateurs, par Eric Sutter ; préface de Réjean Savard. 1992

Valeur et compétitivité de l'information documentaire : l'analyse de la valeur en documentation, par Jean Michel et Eric Sutter. 2e édition, 1992

• Série Recherches et documents

La démarche qualité : application aux services électroniques d'information, par le groupe Qualité des banques de données de la commission Techniques et méthodes documentaires de l'ADBS. 1992

Les critères d'évaluation des banques de données : la démarche qualité chez les professionnels de l'information électronique, par Annick Duflos ; préface d'Eric Sutter. 1995

Collection Guides professionnels ADBS

Management de l'information. Guide pratique pour l'évaluation de la qualité des activités documentaires. 1995